DIE BAUWERKE

UND KUNSTDENKMÄLER

VON BERLIN

BEIHEFT 2

DIE BAUWERKE UND KUNSTDENKMÄLER VON BERLIN

HERAUSGEGEBEN VOM
SENATOR FÜR BAU- UND WOHNUNGSWESEN
— LANDESKONSERVATOR —

BEIHEFT 2

HERMANN SCHMITZ

BERLINER BAUMEISTER
VOM AUSGANG
DES ACHTZEHNTEN JAHRHUNDERTS

GEBR. MANN VERLAG · BERLIN

DIE BAUWERKE UND KUNSTDENKMÄLER VON BERLIN

HERMANN SCHMITZ

BERLINER BAUMEISTER

VOM AUSGANG DES ACHTZEHNTEN JAHRHUNDERTS

UNVERÄNDERTER NACHDRUCK DER ZWEITEN AUFLAGE

GEBR. MANN VERLAG · BERLIN

CIP-Kurztitelaufnahme der Deutschen Bibliothek

Die Bauwerke und Kunstdenkmäler von Berlin / hrsg. vom Senator für Bau- u. Wohnungswesen, Landeskonservator. - Berlin: Mann.
NE: Berlin ⟨West⟩ / Senator für Bau- und Wohnungswesen
Beih. 2 → Schmitz, Hermann: Berliner Baumeister vom Ausgang des achtzehnten Jahrhunderts

Schmitz, Hermann:
Berliner Baumeister vom Ausgang des achtzehnten Jahrhunderts / Hermann Schmitz. - Unveränd. Nachdr. d. 2. Aufl. Berlin 1925. - Berlin: Mann, 1980. - (Die Bauwerke und Kunstdenkmäler von Berlin; Beih. 2)
ISBN 3-7861-1272-X

Unveränderter Nachdruck der 2. Auflage, Berlin 1925.
Mit freundlicher Genehmigung des Verlages Ernst Wasmuth KG, Tübingen.
Die Originalausgabe von 1914 war Walter Rathenau, die zweite Auflage dem Ehrenbürger der Stadt Berlin, Geh. Baurat Dr. Ing. Ludwig Hoffmann, Stadtbaurat von Berlin, gewidmet.

Printed in West-Germany
Gesamtherstellung Aschendorff · Münster
ISBN 3-7861-1272-X

Vorwort

Der Senat von Berlin hat beschlossen, 1981 in unserer Stadt eine Preußen-Ausstellung zu veranstalten. Sinn dieses Projektes ist einmal die kritische Auseinandersetzung mit dem historischen Erbe, zum anderen das offenkundige Bedürfnis, sich über den geschichtlichen Werdegang Berlins und des preußischen Staates zu informieren. Das Vorhaben hat bereits jetzt vielfältige Reaktionen ausgelöst. Sie zeigen, daß Preußen über seine geschichtliche Existenz hinaus ein sowohl ideologisches als auch ideologisiertes Phänomen ist.

Tägliche Beobachtungen auch innerhalb der Berliner Stadtlandschaft zeigen, daß der Umgang mit der Geschichte zu einem Anliegen der Öffentlichkeit geworden, daß vielfach aber der unmittelbare Bezug zur Vergangenheit verlorengegangen ist; eine Erscheinung, die nicht nur aus der fehlenden Auseinandersetzung mit der Geschichte als Folge des verlorenen Krieges, sondern direkt auch durch die Zerstörung der Stadt im Zweiten Weltkrieg sowie ihre politische und tatsächliche Teilung 1948 und 1961 zu erklären ist.

Im Vorfeld einer solchen Ausstellung ist es u. a. auch notwendig, an die architekturgeschichtlichen Leistungen Preußens zu erinnern. Es soll der Versuch unternommen werden, sich auf die Werke der bedeutenden Architekten sowie auf die Besonderheiten der Stadtbilder Preußens zu besinnen. Im 18. und 19. Jahrhundert, dem Zeitraum, der hier hauptsächlich betrachtet werden soll, entstehen die Leistungen, die das Ansehen Preußens gebildet und geformt haben.

Das Vorhaben soll einmal den Nachdruck inzwischen vergriffener Monographien der preußischen Baumeister Schlüter sowie Vater und Sohn Gilly und die Darstellung preußischer Stadtlandschaften des 18., 19. und 20. Jahrhunderts umfassen. Im Sinne eines Inventars werden dabei das ehemalige Diplomatenviertel sowie die Altstadt von Spandau vorgestellt. Bis zum Jahre 1981 ist an die Veröffentlichung folgender Werke gedacht:

Beiheft 1 Bezirk Zehlendorf
Helge Pitz — Winfried Brenne
SIEDLUNG ONKEL TOM
Einfamilienhäuser 1929. Architekt: Bruno Taut (bereits erschienen)

Beiheft 2 Hermann Schmitz
BERLINER BAUMEISTER vom Ausgang des achtzehnten Jahrhunderts
Reprint der 2. Auflage, 1925

Beiheft 3 Carl-Wolfgang Schümann
DER BERLINER DOM IM 19. JAHRHUNDERT

Beiheft 4 Bezirk Tiergarten
Hartwig Schmidt
DAS TIERGARTENVIERTEL
Baugeschichte eines Berliner Villenviertels
Teil 1: 1790—1870

Beiheft 5 Heinz Ladendorf
DER BILDHAUER UND BAUMEISTER ANDREAS SCHLÜTER
2. Auflage als Reprint mit einem Anhang

Beiheft 6 Marlies Lammert
DAVID GILLY
Ein Baumeister des deutschen Klassizismus
Lizenzausgabe des Akademie-Verlages Berlin (Ost)

Beiheft 7 Alste Oncken
FRIEDRICH GILLY, 1772—1800
Reprint des in der Reihe »Forschungen zur deutschen Kunstgeschichte« erschienenen Bandes

Beiheft 8 Bezirk Spandau
Jürgen Grothe
DIE ALTSTADT VON SPANDAU IN IHREM HISTORISCHEN BAUBESTAND

Die Veröffentlichungen betreffen überwiegend Berlin. Zwei Gründe sind dafür vor allem ausschlaggebend:

- die Wirksamkeit preußischer Geschichte im Lebensumfeld der eigenen Stadt nachzuvollziehen;
- die Notwendigkeit, gerade in Berlin an die Unteilbarkeit des preußischen Kulturerbes zu erinnern.

Geschichte soll jedoch nicht als Selbstzweck betrachtet und verstanden werden, sie hat vielmehr nach unserem Verständnis die Grundlage zu bilden, auf der die Frage nach der künftigen Entwicklung der Stadt gestellt und beantwortet werden muß.

Geschichte soll nicht mehr, wie in der unmittelbaren Vergangenheit, als eine zu vernachlässigende Größenordnung in der Zukunftsplanung Berlins betrachtet werden, sie soll Ansatz, aber auch Anstoß zur Auseinandersetzung sein.

Dieses Ziel wird unmittelbar einfließen in die für 1984 vorgesehene Internationale Bauausstellung, die sich mit historischen Kerngebieten Berlins zu befassen hat. Das Schinkeljahr 1981, die Preußen-Ausstellung im gleichen Jahr, die Internationale Bauausstellung 1984 und nicht zuletzt das 750jährige Jubiläum der Stadtrechtsverleihung 1987 werden den verantwortlichen Politikern entscheidende Anstöße zu dieser Auseinandersetzung mit der Geschichte abverlangen.

Harry Ristock
Senator für Bau- und Wohnungswesen

HERMANN SCHMITZ

BERLINER BAUMEISTER

VOM AUSGANG DES ACHTZEHNTEN JAHRHUNDERTS

Friedrich Gilly, Marmorbüste von Gottfried Schadow. 1802

Inhalt

»Ein edler Philosoph sprach von der Baukunst als einer erstarrten Musik ... Wir glauben, diesen schönen Gedanken nicht besser nochmals einzuführen, als wenn wir die Architektur eine verstummte Tonkunst nennen.«

»Man denke sich den Orpheus, der, als ihm ein großer wüster Bauplatz angewiesen war, sich weislich an dem schicklichsten Orte niedersetzte und durch die belebenden Töne seiner Leier den geräumigen Marktplatz um sich her bildete. Die von kräftig gebietenden, freundlich lockenden Tönen schnell ergriffenen, aus ihrer massenhaften Ganzheit gerissenen Felssteine mußten, indem sie sich enthusiastisch herbeibewegten, sich kunst- und handwerksgemäß gestalten, um sich sodann in rhythmischen Schichten und Wänden gebührend hinzuordnen. Und so mag sich Straße zu Straße anfügen! An wohlschützenden Mauern wird's auch nicht fehlen.«

»Die Töne verhallen, aber die Harmonie bleibt. Die Bürger einer solchen Stadt wandeln und weben zwischen ewigen Melodien, der Geist kann nicht sinken, die Tätigkeit nicht einschlafen, das Auge übernimmt Funktion, Gebühr und Pflicht des Ohres, und die Bürger am gemeinsten Tage fühlen sich in einem ideellen Zustand, ohne Reflexion, ohne nach dem Ursprung zu fragen, werden sie des höchsten sittlichen und religiösen Genusses teilhaftig.«

»Dagegen in einer schlecht gebauten Stadt, wo der Zufall mit leidigem Besen die Häuser zusammenkehrte, lebt der Bürger unbewußt in der Wüste eines düsteren Zustandes; dem Eintretenden jedoch ist es zu Mute, als wenn er Dudelsack, Pfeifen und Schellentrommeln hörte und sich bereiten müßte, Bärentänzen und Affensprüngen beizuwohnen.«

Goethe, Sprüche in Prosa.

Vorwort

Die vorliegende Auswahl von Arbeiten der Berliner Bauschule aus dem letzten Drittel des 18. Jahrhunderts ist in erster Linie für Architekten und Liebhaber der Architektur bestimmt. Eine abschließende kunsthistorische Veröffentlichung über diesen Gegenstand wird damit nicht geboten. Das Hauptgewicht liegt auf den Tafeln. Der einleitende Text soll dazu dienen, in Kürze die Entstehung, die Hauptvertreter sowie die Grundzüge des Berliner Baustiles vom Ausgang des 18. Jahrhunderts darzustellen. Im Mittelpunkte stehen die Baumeister, die der Epoche vom Regierungsantritt Friedrich Wilhelms II. (1786) bis zum Ausbruch des Krieges von 1806 ihren Charakter aufgeprägt haben, in erster Linie Erdmannsdorff aus Dessau, der bahnbrechende Meister auch für die Berliner Schule, Langhans, David und Friedrich Gilly und Heinrich Gentz; daran schließen sich Titel, Becherer, Genelli, Catel u. a.; eine Reihe von Zeichnungen Peter Joseph Krahes in Braunschweig, die enge Berührungen mit der letzten Phase des Berliner Klassizismus vor 1806 aufweisen, sind beigefügt worden. Dem eigentlichen Thema voraus geht eine kurze Betrachtung über die Anfänge des Klassizismus in den Bauten Knobelsdorfs und seine allmähliche Aufnahme in die Berliner Baukunst nach dem siebenjährigen Kriege, in den Bauten Gontards und Ungers. Die Abhandlung über die Entwürfe für das Denkmal Friedrichs des Großen, worin sich der eigentümliche Charakter der Berliner Baumeister am Ausgang des 18. Jahrhunderts am deutlichsten widerspiegelt, ist in veränderter Form bereits in der Zeitschrift für bildende Kunst vor Jahren erschienen. Das Hauptthema der Arbeit bildete den wesentlichsten Inhalt eines im Winter 1908 am Kunstgewerbemuseum gehaltenen Vortragszyklus: »Der Klassizismus in Norddeutschland vor Schinkel«.

Der Zweck des Werkes, dem Studium der Baukünstler und Bauherren zu dienen, gestattete es, das Abbildungsmaterial mehr nach praktischen Gesichtspunkten, als in wissenschaftlicher und systematischer Vollständigkeit zu geben. Vielleicht, daß es mir vergönnt ist, späterhin eine zweite Auswahl der Art zusammenzustellen, wobei dann auch die wertvollen Innendekorationen der königlichen Schlösser und die Bauten der Berliner Schule in den östlichen Provinzen, in Pommern, Polen, vor allem in Schlesien, stärker herangezogen werden könnten. Damit wäre erst das Material für eine abschließende kunsthistorische Darstellung vorbereitet. Für jegliche Hinweise diesbezüglich ist der Verfasser zu dem herzlichsten Dank verpflichtet. Vor allem muß nach Ausweis der Akten angenommen werden, daß an irgend welchen Stellen noch zahlreiche Zeichnungen der Berliner Baumeister um 1800 verborgen liegen, die vielleicht einmal ein glücklicher Zufall ans Licht bringt.

Hier drängt es den Verfasser noch, denjenigen Behörden und Herren, die durch ihre Genehmigung zum Photographieren das Zustandekommen des Werkes gefördert haben, seinen aufrichtigen Dank auszusprechen. Es sind dies vor allem Kaiser Wilhelm II., Prinz Heinrich von Preußen, der Großherzog von Weimar, der Herzog von Anhalt, die Bibliothek der Technischen Hochschule in Berlin, das Märkische Museum, das Kupferstichkabinett, die Staatl. Bildstelle, Herr Oberbürgermeister Dr. Voßberg in Potsdam, Herr Baurat Krahe in Braunschweig, der die Genehmigung zur Reproduktion einer Anzahl von Zeichnungen aus den wertvollen Sammelbänden seines Groß=vaters des Kammerrates Krahe in Braunschweig gütigst erteilte, ferner Herr Major von Witzleben in Stahnsdorf (Haus Machnow), Herr Graf Hardenberg in Potsdam, Herr von Treskow in Friedrichsfelde, Herr von Flemming (Buckow), Herr Reichs=graf Finkenstein auf Ziebingen, Herr General von Massow auf Steinhöfel, Herr Professor Dr. Franz Weinitz in Berlin u. a. Herr Hofbaurat Kavel hat in überaus generöser Weise die während der Instandsetzungsarbeiten von dem Belvedere im Charlottenburger Schloßpark gefertigten Aufnahmen zur Verfügung gestellt.

Berlin, im Januar 1914.

Die zweite Auflage ist ein im Wesentlichen unveränderter Abdruck der ersten Auflage. Die Anmerkungen zu den Abbildungen am Schluß des Buches wurden durchgesehen und berichtigt.

Berlin, im Mai 1925.

Hermann Schmitz

Opernhausplatz nach einem Stich von Fünck. 1743

Das lebhafte Interesse, das Baumeister und Bauherren gegenwärtig der deutschen Baukunst vom Ausgang des 18. Jahrhunderts entgegenbringen, entspringt einer inneren Notwendigkeit. Gleichzeitig mit der Wiedererstarkung des architektonischen Empfindens ist das Verständnis für die natürliche baukünstlerische Entwicklung des 18. Jahrhunderts erweckt worden. In Berlin, wo der Gründerstil in den beiden letzten Jahrzehnten des vergangenen Jahrhunderts die üppigsten Blüten getrieben hatte, ist durch Messels Schaffen in seiner letzten Periode das Gefühl für die Werke der deutschen Baukunst gerade vom Ende des 18. Jahrhunderts lebhafter als irgendwo anders rege geworden. Der Anschluß an die abgebrochenen Überlieferungen der heimischen Kunstweise ist durch ihn glücklicher und tiefer als durch irgend einen anderen Baumeister hergestellt worden. Aber auch nur in Berlin konnte sich dieser Prozeß so natürlich und erfolgreich vollziehen. Hier nämlich hatte sich allein in Deutschland unter dem Schutze der an die Spitze der deutschen Fürsten gelangten Hohenzollern am Ausgang des 18. Jahrhunderts eine wirkliche Bauschule, ein geschlossener Stil in der Architektur herausgebildet. Für den Architekten unserer Zeit haben diese Schöpfungen ein so großes Interesse, weil sie auf der einen Seite noch in dem sinnlich architektonischen Empfinden des Barock wurzeln, auf der anderen Seite aber bereits Keime des modernen Empfindens in sich tragen.

Drei Hauptmomente der architektonischen Kunst waren in dieser Zeit noch lebendig, das Gefühl für Raumgestaltung, das nicht nur die äußere Masse und die Innenräume der einzelnen Gebäude, sondern ihre Einordnung in die Straßen und Plätze, in das gesamte Raumbild der Stadtanlage betrifft, zweitens das Gefühl für Proportionen, und drittens für die plastische Behandlung der Fläche, das heißt für das richtige Verhältnis der Plastik zur Mauer. Diese Grundelemente der Architektur, die eine unlösbare Einheit bilden, und auf das gesamte Gebiet des architektonischen Schaffens bis in den kleinsten Zweig der schmückenden Künste hinein von entscheidendem Einfluß sind, waren in dem Verlauf des 19. Jahrhunderts mehr und mehr verloren gegangen. Wie nun das Gefühl für das, was die Architektur mit ihren räumlichen linearen und plastischen Mitteln auszudrücken imstande ist, wieder erwachte: da erschloß sich der Blick auch für die Meister vom Ausgang des 18. Jahrhunderts, die als letzte jene obengenannten Eigenschaften besaßen. In dem Organischen also, dem Sinnlich-Architektonischen, nicht in einzelnen Ornamentmotiven und Sentimentalitäten beruht der Wert dieser Kunst für uns. Daß sie in der Tat am Ende der großen Barockentwicklung steht, daß ihre Schöpfungen mit den großartigen Werken der ersten Hälfte des 18. Jahrhunderts, mit den Arbeiten Neumanns, Fischers, Pöppelmanns usw. nicht in Vergleich zu setzen sind, ist eine Frage, die dabei außer Betracht bleiben kann.

Ein Hauptzug der Architektur um 1800, wodurch sie für uns weiterhin von Interesse ist, ist das Vorherrschen des bürgerlichen Elementes im Gegensatz zum Schloß-, Kirchen- und Repräsentationsbau des Barock. Die allgemeinen Grundriß- und Aufrißlösungen folgen zwar auch damals noch in Deutschland den Regeln der fürstlichen französischen Bauweise des 18. Jahrhunderts. Dabei bildeten sich aber doch und gerade in dem zur ersten Stadt Deutschlands aufsteigenden Berlin wertvolle Ansätze praktisch bürgerlicher Bauweise heraus; speziell dem städtischen Wohnhause, dem Nutzbau, vor allem dem Landhausbau kamen sie zugute. Die Inneneinrichtung des bürgerlichen Wohn- und Landhauses ist damals in Berlin mit der größten Feinheit und Gemütlichkeit durchgebildet worden; ihr ist denn auch in unserer Publikation ein großer Raum gegönnt.

Zwei Schlagworte sind es vor allem, die die unbefangene Wertung der deutschen Baukunst um 1800 lange Zeit verhindert haben und die deshalb einer eingehenden Klarstellung bedürftig wären: Nachahmung der Antike und Klassizismus. Mit diesen Schlagworten wird in den Lehrbüchern eine Kunst erledigt, deren reizvolle Schöpfungen auf unseren Tafeln zusammengestellt sind. Unmöglich können diese Bezeichnungen etwas Wesentliches über den künstlerischen Gehalt aussagen. Schon die spärlichen Äußerungen dieser Baumeister selbst über ihre Kunst, so die des Langhans über den Theaterbau, die des Erdmannsdorff über die antiken Vorbilder, die der beiden Gilly über den Bau der Landhäuser, die des Gentz über sein Münzgebäude, lassen darüber keinen Zweifel walten, daß diese Meister etwas anderes wollten, als die Antike nachahmen; ja, daß sie die schärfsten Gegner antiker, wie überhaupt von Stilnachahmungen gewesen sind, sobald darunter die sachliche und lebendige Gestaltung ihrer Bauten Schaden litt. Zu sehr bestrebt, die Kunstgeschichte auf eine Linie zu bringen, übersehen wir, daß es damals große Künstlergruppen gab, die in der Baupraxis groß geworden, von den Theorien Winckelmanns und der sächsischen Akademiker unberührt geblieben sind, und unter diesen ist die Berliner Künstlergruppe die erfreulichste; in Berlin erhob sich ja damals auch der lebensvollste deutsche Bildhauer der Zeit, Gottfried Schadow, um das Studium der Natur und der heimischen Umgebung gegen die sklavische Antikenverehrung Goethes und der Weimarer Propyläen zu verteidigen. Allerdings bedienten sich diese Meister der antiken Bauformen, wie dies seit der Renaissance selbstverständlich war, aber in ihrem eigenen Sinne, um daraus das zu schaffen, was uns auf den ersten Blick als ihr eigentümlicher Stil erscheint.

Der andere Begriff, unter dem die Architektur um 1800 in die geschichtliche Entwicklung eingeordnet wird, ist der des Klassizismus. Man sucht seine Entstehung vor der Mitte des 18. Jahrhunderts, als Reaktion gegen den Barock. Aber auch hier wird der lebendige Sachverhalt durch die Begriffe zugunsten der historischen Systematik getrübt. Denn die klassische Richtung, das heißt, die das Struktursystem in den Vordergrund stellende Bauweise, die ihren Ausgangspunkt in dem 15. Jahrhundert in Toskana hat, geht ohne Unterbrechung neben der barocken her. Diese letztere, die barocke, die das malerisch plastische Element in der Architektur zu überwiegender Geltung bringt, hat ihren Hauptstrom von Rom aus über Italien, Österreich, Süddeutschland und die Rheinlande, vereinzelt auch nach Norddeutschland (Schlüter in Berlin) gesendet. Michelangelo, Bernini und Borromini sind ihre Führer. Aber die klassische strenge Richtung verbreitet sich inzwischen in gleicher Stärke über Oberitalien, Frankreich, England, Holland und vereinzelt in Deutschland. Ihr Losungswort ist Palladio. Wenn wir nun auch beide Richtungen hie und da feindlich zusammenstoßen sehen, so bei den Gegensätzen zwischen der klassisch geschulten Pariser Akademie und Bernini, bei der Feindseligkeit des Blondel gegen Perrault, so kann daraus doch nicht eine prinzipielle, sich ausschließende Gegensätzlichkeit beider Richtungen gefolgert werden. Gedeiht doch in Rom die strenge Richtung des Vignola neben Michelangelos Schule, geht in Paris doch die strenge Außenarchitektur Blondels mit den freier bewegten Innendekorationen Meissoniers zusammen; in Dresden arbeitet Longuelüne aus der strengen Schule Blondels neben Pöppelmann, dem Schüler der italienischen Barockstukkatoren; ja den größten deutschen Barockbaumeister Balthasar Neumann sehen wir in freundlicher Verbindung mit Blondel, der die Grundriße zum Würzburger Schloßbau überarbeitet. Ist nicht endlich Bernini, so barock als Bildhauer er ist, in seiner Architektur, wie den Peterskolonnaden, in vieler Hinsicht klassisch? Und umgekehrt: hat nicht Palladio, dieser »Vater des strengen Dogmatismus« in seinen Bauten ein starkes plastisch malerisches barockes Moment? Die Stilbegriffe sind bei der historischen Darstellung unentbehrlich; mit der Wertung der Bauwerke haben sie gar nichts zu tun; hier ist die Frage allein, ob ein Werk gute oder schlechte Architektur ist. Und prüfen wir so, unbeeinflußt von den theoretischen Streitigkeiten der Kunstschriftsteller des 17. bis 19. Jahrhunderts, die Schöpfungen der Baumeister selbst auf ihren sinnlichen architektonischen Gehalt, nicht auf ihre Richtung hin, so wird sich die ganze Baukunst der Renaissance bis in den Ausgang des 18. Jahrhunderts als eine Einheit zusammenschließen.

Das Vorstehende bestätigt sich nirgendwo deutlicher als bei Betrachtung desjenigen Meisters, der von den Theoretikern bereits seiner eigenen Zeit als »der Wiederhersteller des antiken Geschmacks«, als der Bahnbrecher des »Klassischen« in der Architektur gefeiert wurde, Knobelsdorfs.

Friedrich Gilly. Skizze zum Münzfries von Schadow. Detail

Opernhaus und Hedwigskirche. 1747. Kupferstich von Legeay

Anfänge des Klassizismus in Berlin — Knobelsdorf

Knobelsdorf wird bereits von den Zeitgenossen als Wiederhersteller des klassischen Stiles in Deutschland im Sinne der Antike gefeiert. Der Dresdener Architekt und Akademiker K r u b s a z i u s, ein Schüler der Blondelschen Akademie in Paris, stellt ihn in seinen 1745 erschienenen Betrachtungen über den Geschmack der Alten dem verdorbenen Zeitgeschmack als Muster gegenüber. Das Opernhaus, 1743 vollendet, zu dessen Studium mehrere Architekten von Dresden nach Berlin kamen, sei, so sagt Krubsazius, völlig nach den Regeln der Griechen zustande gebracht und genieße die Bewunderung aller Kenner. Der Italiener Valeriani findet den Bau ganz im Geiste der Antike und Palladios. Knobelsdorf ließ sich für die Fassade, »en façon d'un Temple de l'antiquité« das Kupferwerk des englischen Palladianers Inigo Jones kommen; er nennt den Bau selbst: »Un Edifice bâti á l'Antique, pour le dehors un ordre véritable«... In Rheinsberg baut er bald nach der Rückkehr von Italien (1738—1739) eine jonische Kolonnade als Abschluß des cour d'honneur, den Park ebendort schließt er mit den von vier korinthischen Säulen getragenen Torpfeilern, eine dorische Kolonnade wiederum ist dem Mittelbau des Charlottenburger Schloßflügels (1740) vorgelegt; der runde Saal in Sanssouci mit korinthischer Säulenstellung ist nach Friedrichs des Großen Meinung dem Pantheon nachgebildet. »Er liebte die edle Einfachheit der Griechen«, so faßt endlich der große König sein Urteil über den verstorbenen Freund in der Éloge zusammen (1753).

Aber derselbe Meister, der in Italien von der Kunst der alten Griechen schwärmt, verziert den Rheinsberger Treppenflur, die ab-

Knobelsdorf. Opernhaus, Rückseite. Kupferstich von Fünk 1743

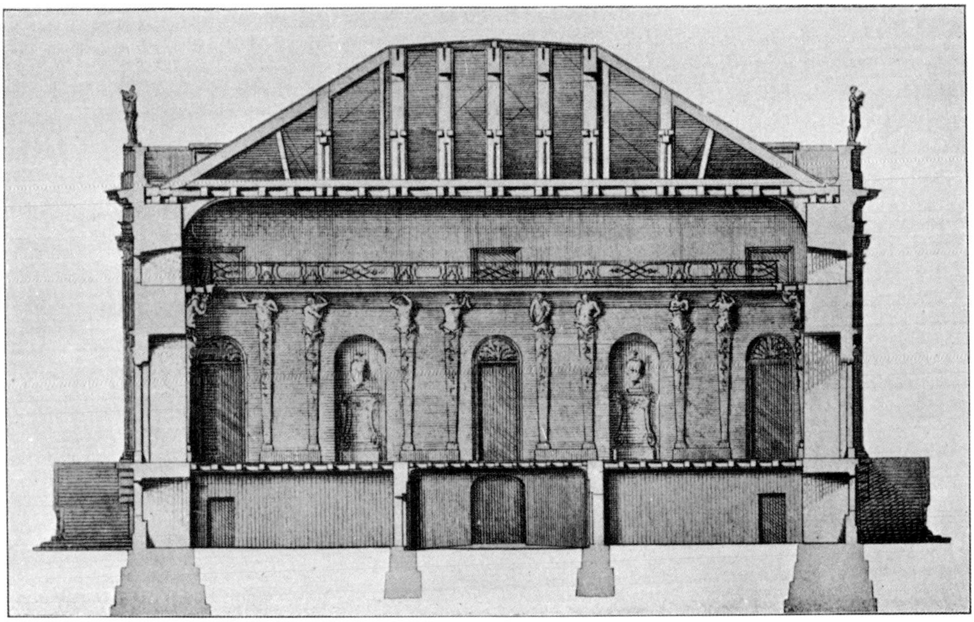

Knobelsdorf. Apollosaal des Opernhauses. 1743

Knobelsdorf. Treppenhaus im Rheinsberger Schloß 1739

gerundeten Ecken des kühngeschwungenen Treppenhauses im Potsdamer Stadtschloß, den Apollosaal des Opernhauses, ja die Vorderfront in Sanssouci mit bewegten Gebälkträgern, Atlanten, wie sie Schlüter und die Barock-Paläste der Wilhelmstraße anwenden, er verschmäht nicht die üppigen Gebälk-Konsolen und Kartuschenformen, die noch sein Lehrer, der jüngere Kemmeter, am ältesten rechten Flügel des Rheinsberger Schlosses anwendet. Im Rheinsberger Freundeskreis wird Knobelsdorf der »Chevalier Bernin« genannt, zum Muster der Anlage des Opernhauses dienen ihm die italienischen Barocktheater.

An einer anderen Stelle der Éloge sagt der König: »Den Italienern gab er den Vorzug im Äußeren, aber in der Einteilung, Bequemlichkeit und Verzierung der Zimmer den Franzosen«; für das Innere des Opernhauses wählt er »une distribution des parties aussi reglée que commode«. Das Studium der französischen Akademiker ist das zweite Element in Knobelsdorfs Kunst. Seine Grundrißbildungen mit ovalen, runden oder viereckigen Mittelsalons und Vestibülen, und der Enfilade der Zimmer in Rheinsberg, Charlottenburg und Sanssouci, die strenge Pilastergliederung einzelner Fassadenteile legen von dem Studium der Blondelschen Lehren in Paris beredtes Zeugnis ab.

Endlich kommt als drittes Hauptelement der phantasievolle Rokokostil hinzu, in dem die getäfelten und stuckierten Innenräume der Knobelsdorfschen Bauten, besonders Charlottenburg und Sanssouci, durch Nahl und Hoppenhaupt d. Ä. dekoriert sind.

Von der Kunst der Alten, geschweige der Griechen, bleibt also in Knobelsdorfs Schaffen nichts übrig als die Säulenstellungen; aber auch diese, die ihm den Beifall des Krubsazius und Genossen eintrugen, sind keine antiken, ja wohl kaum solchen nachgebildet. Es sind ins Schlanke umge-

Knobelsdorf. Kolonnade in Sanssouci 1745

bildete Formen der Säulenordnungen der französischen Akademiker; sie sind meist zu zweien gekuppelt, echt barock. Die jonischen Kapitelle (z. B. Rheinsberger Kolonnade) haben kleine Rocailleschnörkel in der Mitte und Festons aus den Voluten hängend, die korinthischen — Knobelsdorfs Lieblingsform: Rheinsberger Gartenportal, Opernhaus, Kolonnaden am Potsdamer Stadtschloß und Sanssouci — haben tief ausgeschnittene Akanthusblätter, zackig krause Umrisse, geschweifte Deckplatten. Die mehrfach einspringenden Tragbalken, die überhöhten Architrave, die weit ausladenden Gesimse mit zierlich ausgeschnittenen, reich profilierten Zahnschnitten und Konsolen durchströmt eine nervöse Bewegung; sie setzt sich in den schlanken Balustern der Attika fort und lebt sich in den bewegten Musen- und Puttengruppen, den bizarr geschweiften rocaillegeschmückten Blumenvasen aus. Knobelsdorf, so klassisch auf der einen Seite, ist auf der anderen durch und durch ein Meister des Barock. Nicht weniger als seine süddeutschen Zeitgenossen Neumann, Fischer usw. »Er verschönerte die Baukunst durch seinen Sinn für das Malerische«: hiermit trifft Friedrich den Charakter der Knobelsdorfchen Kunst weit besser als mit dem Vergleich an der Kunst der Griechen. Sein Verhältnis zur antiken Kunst ist souverain, wie in der ganzen Barockzeit. Ähnlich wie der Rheinsberger Freundeskreis der Antike auf dem Wege über Voltaire, Racine und Corneille nahe stand. Die malerisch zarten Reliefs aus dem Leben Apollos am Opernhause, die faunhaft lächelnden, ihre Gebälke in schwebenden Wendungen tragenden, mit Rebengerank umkränzten Atlantenfiguren an der Vorderfassade von Sanssouci führen in der Bildhauerei das sinnlich idyllische Naturempfinden dieses Kreises von Antikenschwärmern vor, der sich in der

Hedwigskirche, Aufriß und Querschnitt. Kupferstich von Legeay 1747

ausgehenden Barockzeit hier oben an den märkischen Waldseen um den jugendlichen Friedrich zusammenschloß. Ewald von Kleists Idyllen im Stil des Horaz geben die lyrische Stimmung dieser Kunst in Worten. Noch die letzten Schöpfungen Knobelsdorfs, die abgebrochene Kolonnade bei Sanssouci mit mächtigen Korbbogen und Voluten, steingehauenen Fratzen, Felsstücken, Muscheln und Seegetier, und die Neptunsgrotte ebendort (1753) mit grottenartiger Muschel- und Rustikaplastik sind aus dem vollen Naturgefühle des Barock geboren. Ausgebildet in der Malerei, Intendant der Oper, Sänger und Musiker für Friedrich in Italien anwerbend, Festarrangeur, Surintendant des gesamten Bauwesens: auch hier zeigt sich der den Gesamteffekt beherrschende Meister des Barock. Ausgehend von der Berliner Barockkunst seiner Lehrer Wangenheim, Feldmann und Kemmeter, mit dem plastischen Gefühle des italienischen Barock und deutschen Rokoko durchtränkt, hat er zwar die strengen Prinzipien der Blondelrichtung ernster und früher als die übrigen deutschen Meister aufgenommen; aber wie weit steht er dennoch von jenen trockenen Theoretikern Sachsens, den Wortführern rein Blondelscher Observanz entfernt, die in den 40er Jahren in Nachahmung der französischen Akademiker die Rückkehr zur Kunst der Alten predigten! Welch ein Gegensatz zu der nüchternen Kunst und der platten »à la grèque«-Theorie des Krubsazius, der den Knobelsdorf zu den Seinen zählt. Die weise zurückhaltende Verteilung des plastischen Schmuckes, die schon Friedrich in der Éloge als einen Vorzug der Knobelsdorfschen Bauten rühmt, beweist das Maßhaltenkönnen des großen Meisters; hinter der gemäßigten Regelrechtigkeit des Krubsazius verbirgt sich dagegen nur die Armut an Formen und Gedanken!

Die Universität, das ehemalige Palais des Prinzen Heinrich, als Gegenstück zum Opernhause, das von Knobelsdorf geplante Forum Fridericianum einfassend und unter Benutzung seiner Ideen, 1748—53 von J. Boumann errichtet, möge noch den Knobelsdorfschen Stil vergegenwärtigen. Boumann,

Büring, Manger, A. Krüger (Niederländisches Palais, unter den Linden, 1753), Dietrichs stehen unter der Einwirkung Knobelsdorfs. — Ein Spätwerk der Richtung ist das Ephraimsche Haus um 1762—65. Die Stiche des älteren Hoppenhaupt um 1753 sind für den Stil der Innendekorationen lehrreich. Die Entwürfe für die von dem König 1770 geplante lange Brücke in Potsdam mit Wacht- und Akzisehäusern, wohl von Boumann, vertreten noch die Mischung der Blondelschen Säulenordnungen mit deutschen Rocaillemotiven (das Technische schließt sich an Belidors Brückenwerk an). Vereinzelt kommt der französische klassische Stil zu Wort in der Hedwigskirche nach Friedrichs Angabe von Legeay 1747—78 nach dem Muster des Pantheon gebaut. — Neben der Prachtarchitektur ist der Nutzbau nicht zu vergessen, der in den Kasernen-, Speicher- und Kolonistenbauten Friedrich Wilhelms I. bereits eine schlichte charakteristische Form angenommen hatte, die auch in der Rokokozeit nicht verändert wird. Feldmanns Entwurf zum Packhofe möge dafür als Beispiel dienen. Die Fürsorge, die Friedrich auch der praktischen Seite der Architektur, dem Land- und Wasserbau, besonders nach dem siebenjährigen Kriege, hat angedeihen lassen, ist fast noch mehr zu bewundern, als die Tätigkeit, die er auf die Verschönerung von Berlin und Potsdam verwendet hat. Ein Betrachtung hierüber liegt indes außerhalb des Rahmes dieser Arbeit.

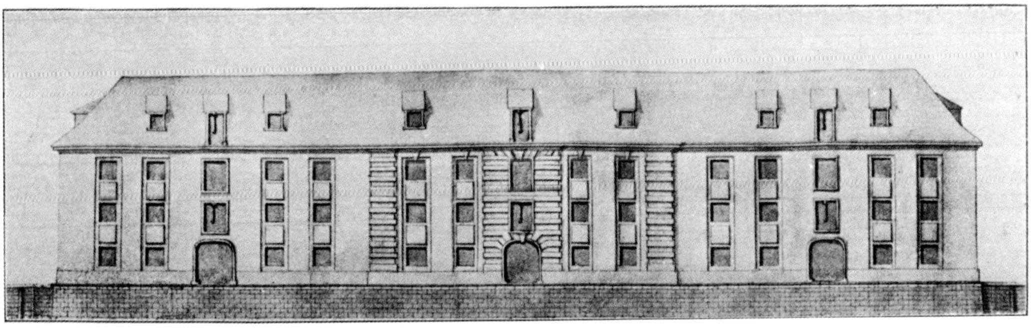

Feldmann. Aufriß zum alten Packhof. Um 1750. Geh. Staatsarchiv

Kupferstich von Hoppenhaupt senior um 1750

Die Berliner Baukunst nach 1763 – Gontard und Unger

Auch die zweite Bauepoche der Regierung Friedrichs des Großen, die nach siebenjährigem Stillstand im Jahre 1763 mit noch größerer Fülle als die erste einsetzt, hat mit der Knobelsdorfs gemein, daß sie eine lebendige Verbindung von malerisch-plastischem Barockempfinden mit der strengeren klassischen Richtung darstellt. Auch Gontard und Unger, die dieser Epoche den Stempel aufgeprägt haben, sind von der antiken Manie der literarischen und theoretischen Kreise, die sich unterdessen verbreitet hatte, völlig frei geblieben. Inzwischen hatten ja deren Bestrebungen in den Schriften Winckelmanns einen beredten Ausdruck gefunden. Winckelmann, nicht weit von Berlin, in Stendal in der Altmark geboren, war in Dresden unmittelbar mit jenem schon genannten Kreise sächsischer Antikenschwärmer in Berührung gekommen; die entscheidenden Anregungen empfing er von Raffael Mengs. Die aus dem Haß gegen die Entartung des Rokoko geborene Antikenverehrung, die in Frankreich durch den Abbé Galiani und den Grafen Caylus vertreten ist, hat in Sachsen an der Leipziger Akademie ihren Sitz aufgeschlagen; Öser, Mengs, Hagedorn zählen hierher. Sie ging Hand in Hand mit der klassischen Architekturrichtung, der zuerst Krubsazius, in Dresden bei Longuelüne und in Paris bei Blondel gebildet, Ausdruck gab. Alle Forderungen des Krubsazius (1745) sind dem Blondel entlehnt: »die Proportionen sind die Hauptsache, verwerflich ist die Vermischung der Säulenordnungen«, vor allem das »Grillen- und Muschelwerk«, das bei Zimmerverkleidungen und Möbeln freilich gestattet wird. Auch die im folgenden Jahre 1746 erscheinende mehrfach aufgelegte »bürgerliche Baukunst« des Kgl. Großbritannischen Rates und Göttinger Bau-Inspektors Penther gibt nur Wiederholungen der Blondelschen Regeln: Regelmäßigkeit ist die erste Forderung, L. Batt. Alberti hat sie eingeführt, die gotische Barbarei verdrängt; in Italien, an der französischen Akademie, in England sei der klassische Stil zum Siege gelangt. »Der Periodus einer echten reinen gegründeten Architektur« scheine aber wieder zu Ende zu gehen, anstatt der Alten führe man einen Libertinismus ein und begnüge sich mit allerhand Grotesquerien; gegen das römische und griechische Bauen sei das heutige Puppenwerk, dessen Hauptgestelle mit Harlekinsputz eingekleidet sei. »Wir müssen eine natürliche und beständige Bauart erwählen und der alten Griechen und Römer Architektur behalten.« Hieraus wächst nun Winckelmanns Kunstlehre hervor; dieselben Schlagworte in den Anmerkungen über die Baukunst der Alten (Leipzig 1762): »In dem Zierrat der Alten herrschte die Einfalt, bei den neueren das Gegenteil, sie schweifen aus. Man hat sogar neuerfundene Schnirkel, mit welchen einige Zeit her Französische und Augsburgische Kupferstiche eingefaßt wurden, an den Vorderseiten der Gebäude angebracht . . . Michelangelo fing an auszuschweifen und Barromini führte ein großes Verderbnis in die Baukunst ein.« Berninis Plastik wird verurteilt, »das freche Feuer«, die »Franchezza«. Wie diese negativen Lehren Winckelmanns völlig aus den einseitig klassizistischen Theorien der voraufgehenden Kunstschriftstellerei entstanden sind, ohne irgend etwas Neues zu enthalten, so erhebt sich auch sein Kunsturteil nicht über die Modephrasen dieser literarischen Ästhetik. Öser und Mengs rechnet er zu den größten Meistern! Die Größe seiner Persönlichkeit bleibt deshalb unberührt, aber daß er auf die zeitgenössische deutsche Kunst, soweit sie wirklich lebendig ist, ohne Einfluß blieb, wie er zu ihr keine unbefangene innere Beziehung hatte, muß einmal betont werden. Denn gerade sein Name hat das Verständnis für die echte Kunst der nachfolgenden Epoche so lange verhindert.

Spiegelwand. Kupferstich von J. W. Meil

Die nach dem Hubertusburger Frieden (1763) neu einsetzende friderizianische Baukunst ist also, wie die Knobelsdorfsche, in lebendigster Verbindung mit dem kräftigen plastisch malerischen Architekturempfinden des Barock. Der Triumphbogen auf den Frieden selbst (im Stich von Fechhelm) zeigt die reiche korinthische und Karyatidendekoration mit bekrönten Attiken der Knobelsdorfchen Schule. Der Riesenbau des neuen Palais (1763–1770) von Büring und Manger in Anlehnung an englisch-

Neues Palais bei Potsdam. Von Büring und Manger 1763–1770

holländische Backsteinarchitektur, die Kommuns nach Legeays Plänen von Gontard (1765–69) erbaut, mehr noch die Bauten Gontards selbst: die Königskolonnaden (1777–80), die Spittelkolonnaden (1777), das Militärwaisenhaus in Potsdam mit schlanker Kuppel, die zahlreichen Wohnhäuser, die der Künstler mit Unger zusammen im Auftrag des Königs von 1769–1786 an den neugegründeten Plätzen, am Hackeschen- und Gensdarmenmarkt, am Dönhofsplatz und den anstoßenden Straßen der Friedrichsstadt, sowie in Potsdam aufführte: alle diese Schöpfungen belebt ein starkes plastisch malerisches Leben; und gerade die letzten Bauten, die Gensdarmenkirchen, nach dem Vorbild der Kuppelkirchen auf der Piazza del Popolo in Rom 1781–85 errichtet, und Ungers abgebrochenes Kadettenhaus, Königl. Bibliothek (1777), Fassade des Exerzierhauses in Potsdam (1781), ja die Vorgebäude von Monbijou 1787!

Bei alledem besteht zwischen dieser Baugruppe von 1763 bis 1787 und der Knobelsdorfschen doch ein deutlicher Unterschied. Das klassische Element äußert sich jetzt in anderer Weise. Die gleichmäßige Aufreihung der Säulen und Pilaster schon beim neuen Palais und den Kommuns, bei den Gensdarmenkirchen, wo auch die Kuppelzylinder damit ummantelt sind, bei den meisten Hausfassaden, weicht ebenso wie die schwere Bildung der weniger ausladenden Gebälke von der plastischen Beweglichkeit und Gelenkigkeit Knobelsdorfs ab. Wie bereits Legeay, so sind auch Gontard und Unger von dem, seit den 50er Jahren von der Pariser Schule in Rom entwickelten klassizistischen Stile berührt, der auf die Verwendung der Säule ein Hauptgewicht legt; jener Stil, der erneut das Studium der Antike ergreift, der durch die Namen Soufflot, Leroi, Clérisseau charakterisiert wird. Antikisierende Ornamentformen, Festons, Tuch- und Lorbeergehänge, Porträtmedaillons, römische Waffentrophäen,

Die Kommuns beim Neuen Palais. Nach Legeay von Gontard 1765–69

Relieftafeln sind bezeichnende Einzelformen dieses frühen Louisseize. In der reichlichen Verwendung der Halbsäulen und Pilaster und der schweren Rustikabekleidung bei den Königlichen Immediatbauten äußert sich daneben die unter des Königs eigener Initiative erneut aufgenommene Beschäftigung mit den Werken Palladios. In Millenets kritischen Anmerkungen, den Zustand der Baukunst in Berlin und Potsdam betreffend, Berlin Himburg 1776, zeigt sich auch der starke Einfluß der französischen Theoretiker Blondelscher Observanz in Berlin, wie er auch in den Architekturabschnitten der 1771 erscheinenden Theorie der schönen Künste des Berliner Ästhetikers Sulzer tonangebend ist. Ordnung, Schicklichkeit der inneren Einrichtung, Regelmäßigkeit, guter Geschmack in den Verzierungen fordert Millenet; Rückkehr zur edlen Einfalt der Griechen, Abkehr von den ausgeputzten Fassaden. Von der Kenntnis der oben genannten neuklassischen römisch-französischen Richtung zeugt Millenets Empfehlung der Werke Lerois (Monuments de la Grèce — wovon Becherer, der ausführende Architekt der Gensdarmentürme, in seinen jungen Jahren eine erhaltene Kopie anfertigte), ferner werden Revetts Jonian Architekture, Piranesi und Soufflot von neueren Werken den Architekten empfohlen. Der breite malerische Effekt unterscheidet die Gontardbauten aber von der Klassik der Franzosen; die reichgeschmückten Attiken, die Vorliebe für altanartige Aufsätze mit Trophäen und Gruppen von Putten und allegorischen Figuren — Königs- und Spittelkolonnaden, Gensdarmentürme —, die starke Plastik der Pilaster- und Gebälkgliederung, die häufige Anwendung von eingetieften stark modellierten Stuckreliefs, besonders bei den Potsdamer Bürgerhäusern, bekunden das Vorwalten des barocken Gefühles, fast noch stärker als bei den maßvoll komponierten Bauten Knobelsdorfs. Eine virtuose für dekorative Arbeiten überaus geschickte

Der Gensdarmenmarkt Ende des 18. Jahrhunderts. Ölgemälde im Märkischen Museum

Bildhauerschule erwuchs gleichzeitig mit der friderizianischen Architektur nach dem siebenjährigen Kriege. Auf die älteren Rokokomeister Nahl, Adam, Michel folgen seit 1761 Friedrich Elias Meyer d. Ä., der aus Meißen an die Berliner Porzellanmanufaktur überging und in seinen ersten Modellen hierfür, Schäfern, Chinesen usw. dem Stile seines Lehrers Kändler folgt, dann sein Bruder Wilhelm Christian Meyer, der als Modelleur an der Porzellanmanufaktur eine überaus fruchtbare Tätigkeit entfaltete; der große, 1772 vom König der Kaiserin Katharina II. geschenkte Tafelaufsatz, ist sein Hauptwerk. Daneben fertigte er zahlreiche allegorische Gruppen — Symbole der Künste, antike Götter —, die durch geschickte Komposition, langgezogene klassische Figuren in glatter Bewegung bezeichnend sind; von ihm die Steingruppen als Laternenträger auf dem Leipziger Platz von der Opernhausbrücke (1776). An den Brücken und Kolonnaden, die Friedrich seit den 70er Jahren über die alten Festungsgräben führen ließ, und an den Stadttoren entfaltete sich die Plastik der Meyers besonders. Neben diesen mehr barocken Meistern arbeiteten seit den 80er Jahren in schon fortgeschrittenem klassischen Sinne Bettkober, Bardou, Eckstein, Tassaert u. a.

In den Innenräumen, soweit sie unter den Augen des Königs selbst entstehen, herrscht bis in den Anfang der 80er Jahre das schwere Rokokoornament mit gezackten muschelartigen Rocaillen, derb und schwer im Vergleich zur zierlich gegliederten Ornamentik Knobelsdorfs. Die reichvergoldeten Schnitzereien und Stuckarbeiten im neuen Palais entstanden von rund 1765 bis 70. Das ovalrunde Theater hat Atlanten als Träger der korbbogig schließenden Logenöffnungen und Palmbäume als Einfassung des Triumphbogens. Vielfach herrscht hier der Rocaillestil, den die Augsburger Nilson, Habermann usw. in ihren Stichen verbreiteten; wogegen die Blondelianer schon seit den 40er Jahren scharf gemacht hatten. Hoppenhaupt und Meil, die bei den Zeichnungen für diese Dekorationen mitwirkten, haben Ornamente und Möbel dieses Stiles auch in Stichen veröffentlicht. Die Festsäle mit Pilasterstellungen im reichen römisch-korinthischen Stile nehmen am frühesten antikisierende Ornamentmotive, Lorbeerfestons, Relieftafeln usw. auf (Saal im neuen Palais, besonders Aula der Universität von 1764); Anfang der 80er Jahre dringen diese Louisseizemotive — neben Festons auch umwundene Stabeinfassungen, Schleifen, Tüchergehänge (Belvedere 1770) — in die beruhigte und reduzierte Rokokovertäflung der Wohnräume ein. Hauptbeispiele: Ein schöner Saal in Marmorstuck im Schloß zu Rheinsberg 1769 nach Angaben von L a n g h a n s dekoriert, Reliefmedaillons mit Putten an Gehängen zwischen Rocaillekonsolen (die neuen Kammern bei Sanssouci 1771, die marmornen Wände mit Rokokoleisten umrahmt, in den Füllungen antike Marmorbüsten auf Louisseizesockeln.) Im weiteren Verlauf der 70er Jahre werden in Rheinsberg für den Prinzen Heinrich eine Reihe von Sälen im Schloß und das Theater im Kavalierhaus durch H e n n e r t im neuen Stile dekoriert. Das letztere, außen mit viersäuliger dorischer gelbgeputzter Giebelfront, hat innen ein kreisförmiges aus bemaltem Holz gebautes Logengerüst. Im frühen Louisseizestil ist um 1785 das Vestibül und vor allem der Mittelsaal im Schlosse Quilitz, jetzt Neu-Hardenberg, für den General von Prittwitz eingerichtet worden; der letztere mit abgerundeten Ecken und drei Flügeltüren nach dem Garten mit feiner blauweißgetönter Stuckdekoration im französischen Louisseizestil. Im Jahre 1785 ließ der Prinz Biron von Kurland nach Nicolai das Schloß Friedrichsfelde im Inneren umgestalten, hiervon hat sich die gemalte Tapetendekoration des Treppenhauses und der Festsaal erhalten; dieser mit korinthischer Säulenstellung und reicher Gebälk- und Deckenverzierung in Stuck vertritt mehr die römische Richtung des klassizistischen Stiles. Endlich sind als weitere Saaldekorationen des damals berühmt werdenden Breslauer Architekten L a n g h a n s zu nennen: im niederländischen Palais, das der Kronprinz Friedrich Wilhelm für die Gräfin v. d. Mark einrichten ließ, der langrechteckige Tanzsaal im linken Flügel, mit halbrundgestellten Säulen an den Schmalseiten, der ähnliche Saal im ehemaligen Palais Dönhoff in der Wilhelmstraße, ein dritter nur in Nicolais Beschreibung erhaltener im Palais des Ministers von Zedlitz und der ovale Mittelsaal im Schlosse Bellevue, das

Oranienburger Tor (abgebrochen). Von Gontard 1788

von Boumann 1785 für den Prinzen Ferdinand erbaut worden war. Diese, mit feinem, silbergrauem, weißem und blaßgelbem Stuckmarmor dekorierten Säle mit knappen geradlinigen Profilen, rechteckigen Füllungen, mit reliefierten Kreis- und Viereckstafeln stehen unter der Einwirkung der englischen Innendekoration, vor allem des Adams. Damit treten wir in die Epoche ein, die das Hauptthema des Buches ist.

Aufriß eines Kgl. Immediatbaus in Berlin. 1776

Floratempel im Park zu Wörlitz. Von Erdmannsdorff

Die Meister vom Ausgang des 18. Jahrhunderts
(1786—1806)

Nur allmählich also, durch einzelne Liebhaber gefördert, sozusagen im Verborgenen, hatte sich in den siebziger und achtziger Jahren ein neuer Geschmack in die Berliner Architektur einführen können; der alte König, der seine Abneigung gegen die neuerblühte deutsche Literatur, gegen den Goetheschen Götz, offen aussprach, hatte auch auf dem Gebiete der Architektur das Eindringen eines neuen Zeitgeistes bis zuletzt verhindert; abseits von Berlin, in Schwedt, in Rheinsberg, in Breslau, vor allem in Dessau, hatte dieser längst den alten Stil verdrängt. Gerade steht auch hier der Prinz Heinrich zu seinem Bruder im Gegensatz: er, der einsam und verdrossen ferne von Berlin an dem Rheinsberger See die ersten großen englischen Gartenanlagen der Mark schuf, war der erste Förderer des Langhans. In unmittelbarer Nähe des Königs war der Neffe, der Thronerbe Friedrich Wilhelms II., dem neuen Geschmack — besonders in seiner englischen Gestalt — auf allen Gebieten zugetan. Auch er beschäftigte den Langhans, und von Dessau ließ er 1783 den Hofgärtner Eiserbeck kommen, um die englischen Parkanlagen des neuen Gartens an den malerischen Ufern des heiligen Sees zu schaffen. Friedrich Wilhelm II., dessen gutherzige liberale Gemütsart die Herzen seiner Untertanen gefangen nahm, mußte auch von den Künstlern mit froher Hoffnung begrüßt werden. Die ersten Jahre seiner Regierung, wo der von Friedrich angesammelte Schatz mit vollen Händen ausgegeben wurde, brachten der Berliner Baukunst einen außerordentlichen Aufschwung. Durch die Berufung von vier Künstlern nach Berlin wird vor allem dieser Aufschwung charakterisiert: Erdmannsdorff aus Dessau, Langhans aus Breslau, David Gilly aus Stettin 1788 und Gottfried Schadow aus Rom im gleichen Jahre.

Friedrich Wilh. von Erdmannsdorff

Ihn berief der König sogleich nach seiner Thronbesteigung, um die Schlaf- und Sterbezimmer Friedrichs d. Gr. in Sanssouci umzugestalten und in den Jahren 1787–88, um die Königskammern im Berliner Schloß nach der Lustgartenseite einzurichten. Der Parolesaal mit den feinen Stuckreliefs von Schadow, der feingezeichneten Stuckdecke und den silbergrauen Wänden aus Stuckmarmor zeigt am deutlichsten das Neue der Erdmannsdorffschen Kunst, die Klarheit der Komposition und das strenge Verhältnis der plastischen Einzelheiten zur Mauerfläche. Schon seine früheste Arbeit, der Festsaal im Dessauer Schlosse von 1769 mit mächtiger korinthischer Säulenstellung an der Hauptseite, ist durch die Wanddekoration mit strenger korinthischen Pilasterordnung und rechteckigen Relieftafeln in Stuckarbeit ausgezeichnet. Auch im Außenbau sehen wir dieses schöne klare Verhältnis zwischen Reliefplastik und Wand durch ihn wiederhergestellt: Marstall in Dessau mit Pferdebändigern in halbbogig schließenden Nischen, Pavillons am Dessauer Hofgarten mit Reliefs in Kreismedaillons und Tafeln zwischen der dorischen Halbsäulen- und Pilastergliederung, Kuhhaus an der Muldebrücke in Dessau, Gerätehaus mit Jüngling und Pferd in Relief im Wörlitzer Park. Der Bildhauer Döll aus Gotha, der acht Jahre in Rom studiert hatte, mit seiner feinen Nachempfindung des antiken Reliefstiles, arbeitet mit dem Meister Hand in Hand. Dieses neuempfundene plastische Leben prägt sich in der gesamten Pilaster- und Gebälkgliederung der Erdmanndorffschen Fassaden aus. In England, dann unter Clérisseau, dem Mitarbeiter des Adamschen Werkes über den Diokletianspalast in Spalato, in Rom ausgebildet, vereinigt Erdmannsdorff in seiner Kunst die schlichte, sachliche Weise des englischen Neuklassizismus und die erneut auf das Studium der römischen Kunst zurückgreifende römische Schule. Die letztere ist besonders in den früheren Innendekorationen (Dessau, Wörlitz, Schloß und Stein) zu Worte gekommen. Der Festsaal des Luisiums in geflecktem grauem Marmorstuck und weißen Stuckdetails nähert sich schon dem Parolesaal, wo aber die Pilastergliederung ganz fortgefallen ist. In der Nachahmung von herkulanischen und Raffaelischen Groteskenmalereien zusammen mit Gemälden im Geschmack der Carracci (Wörlitz, Berliner Schloß) spricht sich vielfach eine kühle antiquarische Manier, unleugbarer Eklektizismus, aus. Ein Hauptwert des Erdmannsdorffschen Schaffens liegt in der Sorgfalt des Details; alle Einzelglieder sind bei ihm

Friedrich Wilhelm II. Berliner Biskuitporzellan. 1793

C. G. Langhans. Zeichnung zu einer Zimmerwand im Marmorpalais. 1790. Hohenzollernmuseum

mit Akuratesse gezeichnet, im Gegensatz zu den auf den Effekt ausgehenden, oft mit flüchtiger Schablonenarbeit verzierten frideʼrizianischen Fassaden Berlins und Potsdams. So bemerkt er selbst über Berlin: »alles was im Fach der Baukunst seit Knobelsdorfs Zeiten für so viele Millionen gemacht worʼden ist, kommt einem, wenn man's genau betrachtet, so vor, als wenn's nur der Brouilʼlon (die rohe Skizze) der Sache wäre, die es hätte werden sollen«. Das hiesige Publikum sei an den simplen Geschmack noch gar nicht gewöhnt; besonders vermißt er Ordʼnung im Bauwesen; mit Mühe findet er Leute, die ihm beim Zeichnen helfen können. »Die jungen Architekten mußten jedes Kapitell, Konsol, jede Leiste, Türen und Fußʼböden für die Tischler in Originalgröße zeichnen; wegen seines sanften und adeligen Wesens suchten alle Arbeiter seinen Beifall zu erringen« (Schadow). Die musterhafte Intarsia und Stuckarbeit der Königskammern wird so erklärlich. Das Arrangement der reorganisierten Akademieausstellung 1787 rührte ebenfalls von Erdmannsdorff her und wird als geschmackvoll gerühmt. Der Künstʼler war durch Adel des Gemüts, wahre Bildung und unablässiges Streben ausgeʼzeichnet. Er starb 1800 in Dessau.

Carl Gotthard Langhans

Auf die stilistische Entwicklung der Berʼliner Baukunst konnte Erdmannsdorff in den nächsten Jahren nur von partiellem Einfluß sein. Im Anfang mehr aus Liebʼhaberei und theoretisch die Baukunst beʼtreibend, kein Baumeister von Hause aus, als Herausgeber römischer Bauwerke und Übersetzer des Vitruv, als Lehrer und Schriftʼsteller programmatisch wirkend, hängt er mit der voraufgehenden heimischen Kunst nur lose und mittelbar zusammen. Im

Gegensatz dazu nimmt die Berliner Bauschule Grundelemente des alten Stiles in die neue Epoche mit hinüber. Die älteren Meister Unger (Monbijou 1787), Friedrich Wilhelm Titel (Häuser: Behrenstraße 66 [Militärkabinett des Kaisers 1793], Behrenstraße 41 [neben der Bibliothek 1794]) behalten den Louisseizestil bei. Gontard wendet diesen in den von ihm eingerichteten Räumen der Königskammern an (1787 bis 1788), mit reich vergoldeten, zierlich gerahmten Boiserien. Dagegen benutzt er in dem von 1787–1790 für den König aufgeführten Marmorpalais am heiligen See, sicher auf den ausdrücklichen Wunsch des für alles Englische schwärmenden Monarchen, den neuklassischen englischen Landhausstil. Aber in der Detailierung, der schalentragenden Puttengruppe der Kuppel, den Puttenfriesen, den ovalen Reliefs, den körnig gemeißelten Blumen-, Masken- und Rocaillemotiven in den Türbogen des Mittelbaues ist doch das reiche, plastische Leben gegenüber den zuweilen mageren Bauten Erdmannsdorffs (Wörlitzer Schloß) auffällig.

C. G. Langhans. Querschnitt und Grundriß der Vieharzneischule. 1789

Carl Gotthard Langhans, der, nachdem Gontard in Ungnade gefallen, die Inneneinrichtung dieses Baues übernahm, als Direktor des Hofbauamts der vielbeschäftigste Meister Berlins für die nächsten Jahre, ist ebenfalls, anders als Erdmannsdorff mit der heimischen Bautradition eng verbunden. Bereits als Knabe in seiner Heimat Schlesien in dem Baufach ausgebildet, zeichnet er seinen ersten Bau, die evangelische Kirche in Glogau (1764), mit einer Barockfassade mit doppelten Kuppeltürmen in der Art der älteren protestantischen Kirchen Schlesiens. Der Hatzfeldsche Palast in Breslau (1766) im römischen Hochrenaissancestil, ähnlich wie ihn die Berliner Schule der Zeit an den großen Immediatbauten anwandte, zeigt in den wenigen Stuck-Dekorationen des Inneren, woran der Stukkateur Echtler aus Würzburg mitwirkte, noch Anklänge an den Barockstil. Der Saal im Rheinsberger Schloß 1769 mit teilweiser Rokoko-Dekoration entsteht im gleichen Jahre wie Erdmannsdorffs Wörlitzer Schloß mit seinen Innendekorationen im herkulanischen und römischen Geschmack! Die Reisen nach Italien, Frankreich und England gaben Langhans entscheidende Anregungen in der neuen Richtung auf Einfachheit und Sachlichkeit. Das Studium Palladios macht sich geltend: Landhaus in Romberg bei Breslau 1776, Kirchen in Groß-Wartenberg und Waldenburg 1785. Im Jahre 1786 Übersiedelung nach Berlin und Beginn der

Blütezeit des Langhans. Innendekorationen im Marmorpalais, Orangerie und weitere Bauten im neuen Garten, Vieharzneischule im ehemaligen Reußschen Garten an der Panke 1787 mit rundem Amphitheater, Bohlenkuppel mit Malerei von Rhode; Charlottenburg, Schloßtheater und Belvedere im Park, Marienkirchturm 1789, Herkulesbrücke mit den Sphinx- und Herkulesgruppen von Schadow, Mohrenkolonnaden. Mag man in diesen Bauten Motive des römischen Barockstils und der Hochrenaissance, des genuesischen Palaststils, des englischen Neuklassizismus und Palladios vermischt sehen: das lebendige sinnlich räumliche Gefühl gibt ihnen einen hohen selbständigen Wert. Die Unbefangenheit des Schaffens unter Benutzung des Trefflichen, wo es sich bietet, gibt Langhansens Bauten vor denen des Erdmannsdorff manche Vorzüge. Neben diesem nach neuer architektonischer Gestaltung ringenden Meister mag Langhans als rückständig erscheinen. Dafür steht er aber in lebendigerer Verbindung mit dem architektonischen Gefühle des Barock, und dies sichert vielen seiner Bauten die kräftigere Wirkung. Selbst das Brandenburger Tor, das scheinbar aus dem übrigen Schaffen herausfällt, wo Langhans der Mode der Zeit folgend, auf Befehl und nach der Idee des Königs die Propyläen von Athen nachbilden sollte, ist durch dieses plastisch räumliche Gefühl des Barock belebt; man beachte: die Grundrißbildung mit den ehemals geschlossenen Wachhäusern, die nach außen den halbrunden, durch Hainbuchenwände vom Tiergarten abgegrenzten halbrunden Vorplatz, nach innen den viereckigen Pariser Platz wirklich abschlossen; die erhebliche Erweiterung der mittelsten Öffnung; die kubisch empfundene Bildung der Säulen; der blockartig ineinander geschobenen Baukörper der Attika, die sich auf das kräftige dorische Gesimse auflagert; den aus den Stufenbauten herausgetürmten Untersatz des Siegeswagens mit Konsolengesimse; die handwerkliche Sorgfalt im Schnitt und der Fügung der Quadern aus schlesischem Marmor, die feine Belebung der Flächen durch die figürlichen Reliefs.

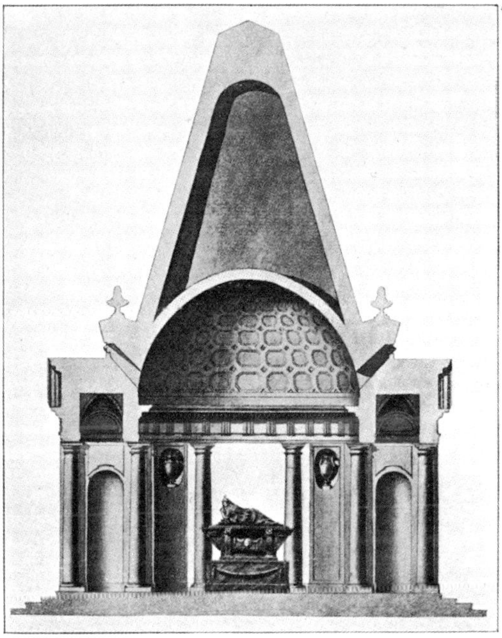

C. G. Langhans. Querschnitt zu einem Mausoleum. 1784

Langhans' zweites Hauptwerk, das Nationaltheater auf dem Gensdarmenmarkt, begonnen im April 1800, eröffnet am 1. Januar 1802 in Gegenwart des Königs und der Königin mit einem von Iffland gesprochenen Prolog und den Kreuzfahrern von Kotzebue, ist im Jahre 1817 niedergebrannt. Der Bau, auf dessen Fundament sich teilweise das Schinkelsche Schauspielhaus erhebt, bildete im Äußeren ein langgestrecktes Rechteck mit einer sechssäuligen jonischen Vorhalle nach dem Platze zu; die Längsseiten und die vier schwach vortretenden Ecken waren mit Rundbogenstellungen geziert, vier eingestellte jonische Säulen, wie am Schauspielhaus in Potsdam (1799), flankierten die drei Eingänge auf den Schmalseiten; Stuckreliefs von Schadow mit Darstellungen antiker tragischer Stoffe (Iphigenie), von Dichtern, Musen und Genien, waren an den Hauptstellen des Mezzaningeschosses eingesetzt. Das Innere bildete ein ansteigendes Parterre von elliptischer Form mit dreizehn Parterrelogen und vier Rängen, die Mitte des ersten und zweiten Ranges nahm die Königsloge ein; nach Norden war ein mit acht dorischen Säulen geziertes Vestibül vorgelegt, der Vorhang war nach Schadows Idee von Kimpfel gemalt und stellte die drei Künste dar. Unter mehreren Sälen wird der Konzertsaal von elliptischer Form mit eingebautem Orchester und Logen besonders gerühmt. Langhans starb im Jahre 1808.

David Gilly

ist neben Langhans die einflußreichste Persönlichkeit in dem Berliner Bauwesen des letzten Jahrzehnts des 18. Jahrhunderts; wie dieser von Kind an im Baufach ausgebildet, mit der heimischen Tradition aufs engste verbunden. Er war einer 1689 in Französisch Buchholtz eingewanderten Hugenottenfamilie entsprossen. Geboren 1748 in Schwedt an der Oder, trat er 1761 bereits als Baueleve bei der Kolonisation des Warthebruches ein. Die sorgfältig durchgeführten Zeichnungen, die der 22jährige Künstler 1770 zum Landbaumeisterexamen unter Boumann in Berlin fertigte, Risse zu einem Wohnhause und Stallgebäuden, zeigen die Schule der märkischen bürgerlichen Rokokoarchitektur, die z. B. die Fassade der Porzellanfabrik von Boumann 1764 (?) vertritt. In Küstrin, das von Schmidt und Hahn in diesen Jahren aus den Trümmern der russischen Beschießung regelmäßig aufgebaut wurde, finden sich mehrere Häuser des Stiles am großen Markt. Bei dieser Arbeit wirkte Gilly mit und ebenso, selbständiger, beim Aufbau der Zantocher Vorstadt von Landsberg an der Warthe kurz nach dem Brande 1768; einige Zeichnungen zu Häusern hierfür im Staatsarchiv sind u. E. von Gilly. Diese ökonomische märkische Provinzialarchitektur, ein strenger Blondelstil mit gemäßigten Rokokoformen, die auch in Frankfurt an der Oder zahlreich vertreten ist, und in Feldmann, Dieterichs, Dornstein und Petri, letztere beiden auch Lehrmeister Gillys, weitere Vertreter hat, geht die ganze zweite Hälfte des 18. Jahrhunderts neben der Prachtarchitektur Berlins und Potsdams her. David Gilly, seit 1771 Landbaumeister in Stargard in Pommern, 1776 Oberbaudirektor in Stettin, entwickelte sein Können denn auch vorwiegend in der Nutzarchitektur; in Pommern baute er zahlreiche Kolonistenbauten an dem von ihm teilweise trockengelegten Madüesee; Wohnhäuser und Speicher, das Petrihospital in Stettin zusammen mit dem Schwedter Baumeister Berlischky, die erhaltene Kirche des von ihm angelegten Hafens Swinemünde 1785, die niedergebrannten kleinen Städte Jakobshagen und Zachan, die Lastadie mit Steinpflaster in Stettin und zahlreiche Hafen-, Brücken-, Mühlen-, Dammbauten, Flußregulierungen usw., über die reiche Akten, aber Zeichnungen nur in großer Spärlichkeit vorhanden sind. Seine Verdienste um die technische Seite der Baukunst liegen in der Verbesserung des Ziegelbaues, des Baues mit Luftsteinen und Lehmpatzen (Pisée), der Dachsteine, der Dachkonstruktionen, die er in zahlreichen Schriften behandelte. Auf die Ausbildung des Nachwuchses wirkte er durch seine 1793 gegründete Bauschule. Sie bildet die Grundlage der in erster Linie durch seine Bemühung ins Leben gerufenen Bauakademie (1799), der jetzigen technischen Hochschule.

Das Studium der Werke und Schriften Gillys ist deshalb von besonderem Interesse, weil er aus der Praxis hervorgegangen, seine Absichten wie kein anderer Meister dieses Kreises, auf das Zweckmäßige und Sachliche richtet; die künstlerische Ausgestaltung beschränkt er, wie er selbst stets fordert, vor allem auf die guten Proportionen. In dem Lande zwischen Oder, Havel und Ostsee sein ganzes Leben verbringend, ist er von allem Stil- und Modewesen freigeblieben. Seine Stärke ist der Landhausbau. Als Bauten seiner Berliner Zeit nennen wir: Schloß und Dorf Steinhöfel bei Fürstenwalde für Hofmarschall von Massow nach 1790, im ehemaligen Zustand nur in Aquarellen des jüngeren Gilly und darnach geätzten Aquatintablättern erhalten; ein langgestreckter Bau mit kaum vortretendem dreiachsigen Mittelteil und schlichter Pilastergliederung; die knappen Simse, die in die nackte Fläche eingeschnittenen Fenster, die Rosettenscheiben als einziges Schmuckmotiv unter Einwirkung des englischen Landhausstiles wie bei Erdmannsdorff und Langhans. Der Park, eine höchst malerisch komponierte Baum-, Wiesen- und Seelandschaft zeigt am Eingang nach der Dorfaue Schadowsche Sphinxe mit Putten als Laternenträgern. Die Aue mit dem Dorfkrug am Anfang wird links vom Amtshaus und Scheunen flankiert; das Amtshaus mit altem gelbem Putzüberzug ist ein feines Beispiel Gillyscher ländlicher Architektur. Weiterhin gibt er die Pilastergliederung ganz auf. Die Abwägung der langrechteckigen Fenster des Erdgeschosses gegen die fast quadratischen

David Gilly
Kupferstich nach W. Chodowiecki

des Obergeschosses wird das Hauptmotiv seiner Landhausfassaden: Paretz für Friedrich Wilhelm III. 1797 erbaut, Freienwalde für die Königin Ulrike Friederike 1798, in den 30er Jahren bereits verändert, Klein-Machnow für Herrn von Hake 1803, die Villa für den Kabinettsrat Beyme in Steglitz, das jetzige Schloßrestaurant 1804, endlich das große Geschäftshaus für den Verleger Vieweg in Braunschweig vor der Burg mit Unterstützung des Herzogs Ferdinand 1801–04 nach Gillys Zeichnungen von Wolff gebaut. Die Mittelachse wird meist durch ein Halbbogenfenster oder eine dreiteilige Fenstergruppe, das englische Palladiomotiv, betont. Die Ornamentik, Mäander-, Pfeifen- und Rosettenbänder, ist mit höchster Sorgfalt ebenso wie alle Gesimse gezeichnet. Als Innendekorateur ist David Gilly nicht minder trefflich. Auf die junge Generation, seinen Sohn Friedrich, Gentz, Catel, Meinecke, Simon, den jungen Schinkel war er von großem Einfluß. Er verfolgte die Ideen dieses jungen Künstlerkreises, die bei den Entwürfen für das Friedrichsdenkmal, bei den öffentlichen Bauten, wie dem Nationaltheater, der Börse, der Münze hervortraten, mit Teilnahme. Er stellte ihnen selbst Aufgaben, so für ein Denkmal zur Erinnerung an den von ihm erbauten Bromberger Kanal (1797). Auf die edle Gesinnung des Meisters, die sich besonders in seinen, bei diesen Anlässen verfaßten Briefen an die Behörden ausspricht, ist hier kein Platz einzugehen.

1

2

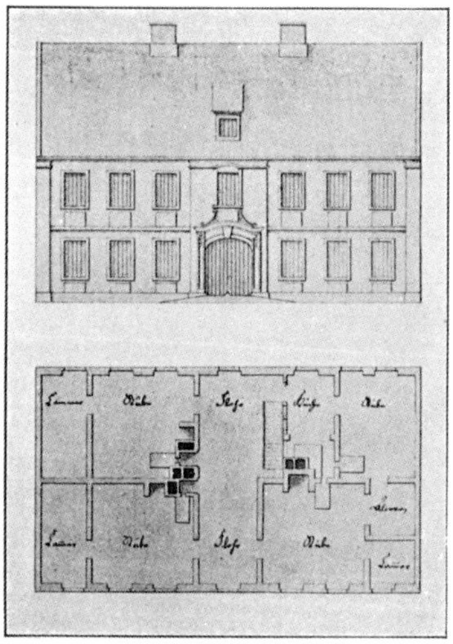

3

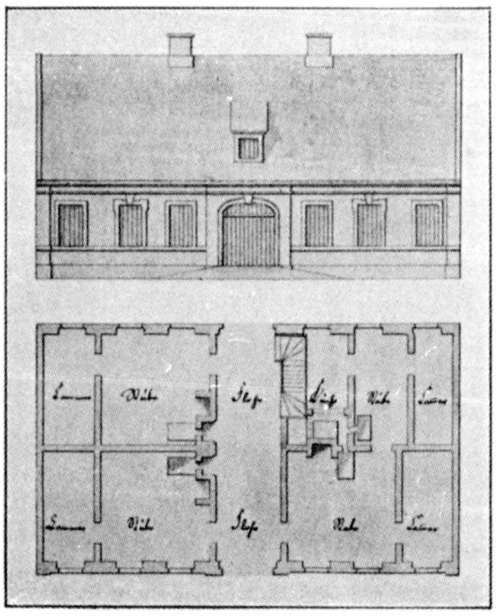

4

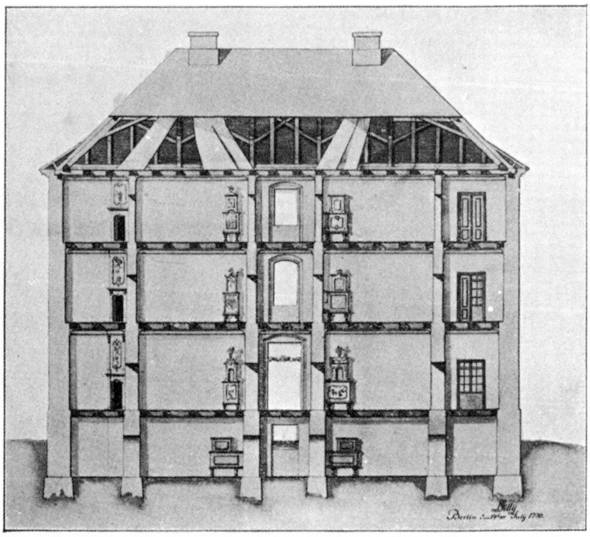

5

1–4. David Gilly. Zeichnungen zu einem Vorwerk 1770 und zu Kleinbürgerhäusern in Landsberg an der Warthe 1769

5. David Gilly. Längsschnitt eines Bürgerhauses. Berlin 1770 (vgl. Seite 34)

Von seinen Arbeiten seien noch die erhaltenen Direktionsgebäude und Kadettenanstalt im damaligen südpreußischen Kalisch, die Entwürfe zum Rathaus in Landsberg an der Warthe 1805, die in Stichen erhaltenen Trauerdekorationen für die Leichenfeier Friedrich Wilhelms II. und die Bepflanzung des Lustgartens mit Pappelavenüen genannt. Schwere Schicksale, hauptsächlich der frühe Tod seines Sohnes Friedrich, hatten seine Lebenskraft gebrochen, als das Unglück des Vaterlandes den patriotischen Mann darniederwarf.

Aus der Korrespondenz des Meisters sei der letzte Brief an den geliebten, von Berlin nach Königsberg vertriebenen König Friedrich Wilhelm III. wiedergegeben, da er ein Licht auf den Meister und die Zeitumstände wirft. Er ist datiert: Berlin, 5. Mai 1808:

»Allerdurchlauchtigster großmächtigster allergnädigster König und Herr

Die kummervolle Lage, in welche mehrere der hiesigen Offizianten durch die Nichtzahlung ihrer Gehälter versetzt werden, trifft auch mich sehr hart, indem ich schon seit dem 1. März 1807 kein Gehalt aus Euer Kgl. Maj. General-Domainen-Kasse erhalten. Die mir dadurch entzogenen 2000 Rthlr. jährlich, haben mich schon den traurigsten Hülfsmitteln, nähmlich dem Veräußern vieler mir nöthigen und wichtigen Bedürfnisse preisgegeben. Zwar habe ich die von Euer Kgl. Maj. höchstseligen Herrn Vater mir bewilligten und von Euer Kgl. Majestät vor 2 Jahren mir huldreichst auf Lebenslang zugesicherten jährlichen 500 Rthlr. aus der General Salzkasse in monatlichen Ratis à 41 Rthlr. 16 Sch. erhalten, allein bei der fortdauernden Unterhaltung der bei mir einquartierten französischen Offiziers und Commissairs und bei der überhand genommenen Teuerung der nötigsten Lebensbedürfnisse ist es demjenigen Diener Euer Kgl. Maj., welcher durch treu und redlich geleistete Dienste kein Vermögen sammeln konnte, unmöglich gewesen, ohne Veräußerung vieler mir unentbehrlicher Dinge und gemachten Schulden die nöthigsten Bedürfnisse bestreiten zu können.

Was aber meine Lage noch drückender macht, ist eine seit Jahr und Tag erlittene Brustkrankheit, welche mir jetzt ein nahes Ende befürchten läßt. Entblößt von allen bereits aufgeopferten Hülfsmitteln, sieht meine zu hinterlassene Witwe mit meinem Tode einem schrecklichen Schicksal entgegen.

Euer Kgl. Maj. jetzt spezialiter um allergnädigste Unterstützung anflehn zu wollen, würde unbillig sein und muß ich mich darüber allerdings bescheiden; allein, daß Euer Kgl. Majestät für mich die allerhöchste Gnade haben mögen, hiernächst, wann und wie die Staatseinkünfte es erlauben, meiner Frau das rückständige Gehalt allergnädigst auszahlen zu lassen geruhen wollen: Dies ist die alleruntertänigste Bitte, deren Gewährung mir die letzte meiner Lebensstunden erheitern würde.

Zu meinem einzigen gerechten und gnädigen Könige hege ich dieses unumschränkte Vertrauen, in welchem ich mit allertiefster Submission ersterbe als

Ew. Kgl. Maj.
alleruntertänigster Knecht
Gilly«

Auf diesen Brief hat der König am 15. Mai 1808 von Königsberg aus seine Antwort setzen lassen.

»An die verwitwete geheime Oberbaurāthin Gilly

Se. Kgl. Majestät von Preußen haben mit Bedauern ersehen, daß der Geh. Oberbaurath Gilly an dem nähmlichen Tage, als er sich noch in einer Immediatvorstellung zum Besten seiner Frau ver-

Meierei im Park von Bellevue. Von Friedr. Gilli 1800

wandte, gestorben ist. Allerhöchsdieselben bezeigen der verwitweten Geheimrätin Gilly allerhöchst deren Teilnahme und werden nach dem Wunsche des Verstorbenen, das ihm rückständig gebliebene Gehalt gerne nachzahlen lassen, wann und so wie es die Umstände des Staats gestatten werden.«

Neben David Gilly wirkte auf die jüngere Architektengeneration besonders Becherer, der Leiter der architektonischen Klasse an der Akademie, ein Schüler und Mitarbeiter Gontards, Erbauer der Börse am Lustgarten (1801), der Gensdarmenställe auf dem Gebiet der alten Akademie, seines eigenen Landhauses an der Tiergartenstraße, der Kaserne der Reitenden Artillerie am Oranienburger Tor.

Friedrich Gilly

schien alle Kräfte in sich zu vereinigen, um den künstlerischen Bestrebungen, die in dem Berliner Bauwesen im letzten Jahrzehnt des 18. Jahrhunderts am Werke waren, die höchste Form zu geben. Unter der Leitung des Vaters von Kind an in der Praxis ausgebildet, mit dem Maurerhandwerk und der Ziegelbrennerei in Pommern von Grund aus bekannt geworden, im Wasser- und Mühlenbau durch Siebecke und auf einer Reise durch Holland 1790 durch den älteren Riedel unterrichtet, fand der hochbegabte frühbewunderte Jüngling mit der Übersiedelung nach Berlin 1788 die besten Meister zur Ausbildung seines architektonischen Geschmacks. Er zeichnete unter Erdmannsdorff bei der Ausstattung der Königskammern, er arbeitete unter Becherer an der Akademie und als Hofbauamtskondukteur an den Bauten des Langhans mit. Der Landschaftsmaler Schaub, die Akademieprofessoren Chodowiecki und Meil unterrichteten ihn in den malerischen und graphischen Künsten. Eine geniale Verbindung von räumlicher Vorstellungskraft und architektonischem Liniengefühl mit malerischer Empfindung tritt in den Aufnahmen Gillys, die er von Bauten in Pommern, Berlin, in Dessau und Wörlitz machte, von Anfang an zutage. Ob in der Tat das feinlavierte Blatt mit dem eingestürzten Gensdarmenturm und Chodowieckifiguren im Vordergrunde, wie der Sammlervermerk will, eine Arbeit des kaum

Zwölfjährigen ist, mag offen bleiben. Die Aufnahmen Gillys von der Marienburg 1794, die Frick in Aquatinta ätzte, die Ansichten von Steinhöfel, die Skizzen von der Reise durch Deutschland (Weimar, Park, Theater von Thouret), Frankreich und England 1797, bekunden die Steigerung des malerischen Gefühls, die Förderung durch das Studium der englischen Graphik und des großen Pariser Zeichenstils der Revolution. Diese Reise brachte den 25jährigen reifentwickelten Künstler in Berührung mit den modernsten Ideen der Pariser und Londoner Architekten. Zahlreiche Studien zeugen davon; die wenigen Wohn- und Landhäuser, die dem Künstler nach seiner Rückkehr zu entwerfen vergönnt waren, tragen die nackte strenge Form zur Schau, die jetzt in Paris Mode geworden. Aber unleugbar ist dem Arbeiten Gillys eine schwungvolle sinnliche Auffassung gegenüber dem nüchternen Pariser Direktoire eigen (Haus Brüderstraße 30, Behrenstraße). Ein Streben nach griechischer Art mehr als nach römischer, wie in Paris, tritt bei ihm hervor. Das Denkmal Friedrichs des Großen 1797 stellt dieses Verhältnis zur Pariser Architektur auf der einen und zur antiken auf der anderen ins Licht. Unter den Entwürfen dieser letzten Schaffenszeit sind die für das 1799 erbaute Schauspielhaus in Königsberg, die mit Abänderungen auch dem Posener Schauspielhaus 1802–05 zugrunde lagen, und zum Nationaltheater auf dem Gensdarmenmarkt 1800 hervorzuheben. Das erstere hält den ovalen Grundriß und die Logenteilung des Barocktheaters bei, das letztere sucht die amphitheatralische Anordnung zu Grunde zu legen. Beiden Bauten ist das massig Kastenartige des Äußeren, die Verwendung der Halbbogenfenster und schweren dorischen Säulen gemein; ähnliche Formen hat die Villa Mölter an der Tiergartenstraße, deren kreisrundes Vestibül mit Nischen, nach dem Vorbild von Bagatelle auch in einem Landhausentwurf des Märkischen Museums wiederkehrt; ähnlich in Klein-Machnow. Die strengen dorischen Säulen kehren in den kleinen erhaltenen Gebäuden Gillys, dem Pavillon in Buchwald und dem Grabmal der Gräfin Maltzahn in Dyherrnfurt, wieder. Der Künstler starb mit 29 Jahren an der Schwindsucht im August 1800 in Karlsbad. »Er galt für das größte Genie im Baufach«, sagt Schadow, und Friedrich Gentz, der Schwager des Künstlers, empfiehlt den Vierundzwanzigjährigen dem Archäologen Böttiger in Weimar als »eines der ersten

Die ehemalige Börse am Lustgarten. Von Becherer 1801

Kunstgenies, die unser Vaterland in diesem Zeitalter hervorgebracht hat«; alle Sachverständigen ohne Ausnahme hätten ihm in seinem vierundzwanzigsten Jahre den unstreitigen Rang des ersten Architekten im preußischen Staate eingeräumt. So wertvoll und von so schönen architektonischen Ideen erfüllt die hinterlassenen Blätter Gillys erscheinen, so müssen wir doch anerkennen, daß sie eine allerdings höchst geschmackvolle und originelle Verarbeitung der zeitgenössischen, besonders in Paris kultivierten klassischen Formen sind, daß aber eine geniale Neuschöpfung eines architektonischen Organismus nicht darin enthalten ist Das leidenschaftliche Studium der Alten, oft bis in die Nacht hinein, wovon Levetzow erzählt, die Verwendung gotischer Formen (Paretz, Rohrhaus, Kirche, Meierei Bellevue), das vereinzelte Nachahmen der Pariser Antiken-Theatralik wie in den Entwürfen für Inneneinrichtungen im Märkischen Museum, eine gewisse panoramaartige Auffassung der Landschaft deuten neben vielen romantischen Zügen im Wesen des reichbegabten Künstlers darauf hin, daß er, trotz der Hoffnungen, die die Zeitgenossen auf ihn setzten, am Ende der schöpferischen Architekturentwicklung des 18. Jahrhunderts steht. Bedeutend war sein Einfluß auf die Berliner Schule um die Wende des 18. Jahrhunderts, wovon die zahlreichen, um 1800—1806 entstandenen, hier abgebildeten Hausfassaden Zeugnis ablegen; selbst auf die älteren Meister Langhans, David Gilly, Becherer und Gentz wirkte er zurück; noch Jahre nach seinem Tode werden seine Ideen von den Baumeistern benutzt. Schadow meißelte nach des Künstlers Skizze den Münzfries und die von den Schülern Gillys in der Akademie im Jahre 1802 aufgestellte Marmorbüste.

Die Inschrift, die Friedrich Gentz für das Grabmal des vielgeliebten Künstlers in Karlsbad verfaßte, lautet:

»Hier ruht
vom Vaterlande und von zahlreichen
Freunden getrennt,
Ein Liebling des Himmels und der Menschen,
Ein Künstler der edelsten Art;
In welchem die Fülle des Genies
Mit der Reinigkeit des ächten Geschmacks
Und der inneren reizenden Harmonie
Einer schönen gebildeten Seele,
Die Kunst mit dem Leben sich innig ver-
Friedrich Gilly [schlang
geboren d. 16ten Februar 1771 (2)
gestorben d. 3ten August 1800

Die, [riß,
Denen sein Tod die Zierde ihres Lebens ent-
Haben ihm hier in trostloser Ferne,
Dies Denkmal ewiger Schmerzen
Und ewiger Liebe geweiht.«

Jugendarbeiten Schinkels

Die ausgestellten Entwürfe Gillys für das Friedrichsdenkmal erweckten in dem sechszehnjährigen Gymnasiasten Schinkel den Entschluß, Baumeister zu werden und den leidenschaftlichen Wunsch, unter Gilly selbst die Baukunst zu erlernen. Bei dem alten Gilly begann er seine Studien und setzte sie bei dem Sohne nach dessen Rückkehr 1798 fort. Die erste Arbeit, die ihm dieser auftrug, war ein Grundriß des Schlosses Bagatelle bei Paris von Belanger. Bei dem Tode Gillys fielen dem neunzehnjährigen Schinkel dessen Privataufträge zu. Die Zeichnungen Schinkels von 1797—1803 tragen völlig den Stempel der Gillyschen Kunst; so ein Obelisk 1799, ein Landhaus am Wasser, ein rundbogiges Kassettengewölbe mit Durchblick in Landschaft, beide 1801 (Schinkelmuseum), zwei Ölgemälde: ein Reiterdenkmal vor einem korinthischen Tempel auf Stufenbau, sowie ein Museum in der Art der französischen Revolutionsarchitektur (Herr von Quast, Radensleben), eine dorische Säulenhalle (Nationalgalerie). Malerisch perspektivische Auffassung, Baumkulissen, panoramaartige Darstellung wie bei Gilly. Die frühesten erhaltenen Bauten des Kondukteurs Schinkel, drei langgestreckte Wirtschaftsgebäude beim Schlosse Quilitz (Neu-Hardenberg) 1801 für General von Prittwitz entworfen, zeigen die Rundbogenblenden, die Halbbogenfenster, die flachgeneigten Ziegeldächer, den sorgfältig geschliffenen gelbgefärbten Putz mit Fugenschnitt, wie die Gillyschen landwirtschaftlichen Bauten in Paretz, Steinhöfel usw. (der rechteckige Wirtschaftshof auch beim Amt Wörlitz ähnlich). Im selben Jahre entwarf Schinkel für die gleiche Herrschaft zwei nicht erhaltene Familienhäuser beim Studthof in Quilitz, und das Vorwerk Bärwinkel, von dem u. a. eine Scheune in Eisensteinmauerwerk mit Halbbogengliederung in Backstein die Schinkelsche Form behalten hat. In die gleiche Zeit, um 1803, fällt der Umbau des nahegelegenen Schlosses Buckow für den Grafen von Flemming. Das obere Geschoß des langgestreckten zweistöckigen Baues zog Schinkel höher hinauf und gab dem Satteldach eine flachere Neigung (an Stelle des Mansarddaches). Der Mittelbau wurde durchgreifend verändert. Die Risalite erhielten Dreiecksgiebel, der vordere ein von zwei Viereckspfeilern flankiertes Portal mit radialgeteiltem Halbbogenoberlicht — wie die Möltersche Villa und das Schloß in Steglitz — die Rückfassade ein Portal im Halbbogen, der direkt vom Boden aufsteigt, wie beim Viewegschen Hause von D. Gilly- und darüber drei Rundbogenfenster in Liseneneinfassung, ebenfalls ein von D. Gilly — vgl. z. B. Landsberger Rathaus — übernommenes französisches Direktoiremotiv. Die zweiarmige Treppe im Inneren, der Grottensaal im Erdgeschoß mit gedrückten Wandpfeilern, Rundbogennischen und bemalten flachgespannten Gurten, besonders der Rittersaal im Obergeschoß mit viel zu hohen Fenstern und steifem Tonnengewölbe zeugen von der Unsicherheit des jungen Meisters; das »Große und Imponierende«, das er damit erreichen wollte, stellt sich nicht ein. In diesen Formen bewegte sich das Steinmeyersche Haus an der Friedrichstraße. Die Reise nach Italien und Paris von 1803—1805, von der Schinkel eifrig mit dem älteren Gilly über bautechnische Fragen korrespondierte, änderte bereits die Kunstauffassung Schinkels wesentlich, soweit seine Skizzen und malerischen Aufnahmen im Stil der römischen Klassizisten Reinhard und Koch dartun. Als Schinkel nach zehnjähriger Unterbrechung seine Bautätigkeit wieder aufnahm, waren sowohl er wie die Zeit anders geworden.

Vorbau des Prinzessinnenpalais. Von Gentz 1811.

Heinrich Gentz

ist ebenfalls von den beiden Gilly nicht zu trennen. Geboren 1765 in Breslau, sechs Jahre älter als Friedrich Gilly, war er mit diesem 1790 Kondukteur beim Hofbauamt; sein erster Lehrer war Gontard. Im gleichen Jahre trat er auf königliche Kosten eine Studienreise nach Rom, Süditalien und

Sizilien an, über die er sorgfältige mit Skizzen antiker Monumente reich versehene Tagebücher hinterlassen hat. Im Jahre 1794 über Paris zurückgekehrt, steht er 1796 und 1797 wieder in Verbindung mit dem älteren Gilly, dem er bei Ausführung der Trauerdekorationen für die Leichenfeier Friedrich Wilhelms II. half, und mit dem jüngeren Gilly zusammen als Mitbegründer der Vereinigung junger Architekten, die sich zur Lösung ideeler Aufgaben zusammengeschlossen hatten. Gentz scheint den beiden Gilly Anregungen aus seinen Studien antiker Monumente übermittelt zu haben, umgekehrt wirkten diese wieder auf ihn zurück; so scheint der ältere bei der Einrichtung der neuen Münze auf dem Werderschen Markt 1798—1800 mitgewirkt zu haben, während Friedrich die Skizze zum Schadowschen Fries zeichnete. Dieselben massigen Formen mit Halbbogenfenstern und antiken Friesen begegnen bei den Bauten, die Gentz in Weimar neben der Schloßdekoration 1801—1804 entwarf, beim Theater in Lauchstädt, dem Schießhaus auf dem Webbicht (im Mittelbau Festsaal mit Tonnengewölbe und dorischer Säulenstellung, zwei Pavillons durch bogenförmige Laubengänge damit verbunden, auf den Seiten), dem Reithaus an der Ilm. Die Dekorationen im rechten Flügel des Großherzoglichen Schlosses in Weimar, die Gentz im harmonischen Zusammenwirken mit Goethe schuf, sind die schönsten Innenräume nicht nur des Berliner, sondern des deutschen Frühklassizismus überhaupt: Das Treppenhaus mit wuchtiger dorischer Säulenstellung ganz in weißem Stuckmarmor mit feinen Stuckreliefs, der große Festsaal mit blaßgelben leicht vergoldeten Säulen in Marmorstuck, ebenfalls ganz in Weiß, die Galerie mit kassettiertem Tonnengewölbe, in der Detaillierung von größter Feinheit und vom Studium der griechischen Werke Süditaliens zeugend. Beim Vergleich mit den Entwürfen Clérisseaus zum Festsaal mit korinthisch römischer Säulenstellung wie bei Erdmannsdorffs Sälen um 1770, erkennt man auch hier wieder das Streben, einen eigenen, auf die griechischen Formen zurückgehenden Stil auszubilden. Einige Arbeiten von Thouret (1798) seien beigefügt. Von Gentz führen wir weiter an: die Entwürfe zum Friedrichsdenkmal 1806, das Mausoleum im Charlottenburger Park 1810, umgebaut durch Schinkel, den Kopfbau des Prinzessinnenpalais 1811. In diesem Jahre starb Gentz.

Ludwig Catel,

ein weiterer Schüler und Freund der beiden Gilly, der mit dem Bildhauer Tieck in Paris studierte und mit Gentz an den Dekorationen in Weimar allerdings mehr untergeordnet wirkte. Er führte hier die Stuckarbeiten aus in einem von ihm erfundenen Stuckmosaik. In Berlin gründete er eine Fabrik solcher Stuckmosaiken, deren Hauptwerk das pompejanische Kabinett und einige Kamine und andere Arbeiten in den von Catel für Friedrich Wilhelm III. 1804 eingerichteten Zimmern im Potsdamer Stadtschloß sind. Als weitere Arbeiten des Catel werden das in Stichen erhaltene Welpersche Badehaus auf der Spree 1802, die Möhringsche Besitzung in Pankow, ein Landschloß in Südpreußen, Pläne für ein Friedrichsdenkmal 1806, Inneneinrichtungen im Braunschweiger Schlosse für Jerôme 1809 und der Wiederaufbau des Dorfes Löwenberg genannt. Seine Schriften über den Theaterbau, den Bau der Bauernhäuser, die neu aufzubauende Petrikirche und das Museum sind voll geistreicher Ideen, doch dokumentiert sich bei ihm, dem Schüler Fichtes, der um sich greifende theoretisierende, moralisierende und historische Zeitgeist in zunehmendem Maße. Die Kriegszeit legte seine Unternehmungen lahm. Er gründete das Luisenstift und starb in seelischer Zerrüttung 43 Jahre alt 1819. »Ein höchst feindseliges Entgegenstreben hat ihm alle Gelegenheit geraubt und seinen Tod nach höchstem Seelenleiden beschleunigt« (Seidel).

Hans Christian Genelli,

eine verwandte Natur, insofern, als seine künstlerischen Ideen durch innere seelische Hemmungen wie durch die äußere Not der Kriegszeit unerfüllt blieben. Geboren 1763 in Berlin, hatte er mit Schadow in Rom studiert und erhielt nach seiner Rückkehr 1788 eine Anstellung bei der kgl. Porzellanmanufaktur. Es sind Zeichnungen zu Geschirren erhalten und Teile der Tafelaufsätze, die nach seinen Angaben ausgeführt wurden: ein Dessertaufsatz für die kgl. Tafel 1791, zu dessen Schalenträgern, den Symbolen der Jahreszeiten, die Zeichnungen vorhanden sind, und der Berg Olympus, der auf der Ausstellung von 1802 war. Die antike Strenge, die Genelli bereits in seinem Entwurf für Friedrichs Denkmal in Rom 1785 erstrebt, wird in diesen Kleinskulpturen durch die Einwirkung der Schadowschen Kunst gemildert. Scharf tritt sie wieder in seinen Grabmalsentwürfen von 1794 und in dem für v. Burgsdorff um 1800 erbauten Schlosse Ziebingen bei Frankfurt a. d. Oder zu Tage. Ausgezeichnet ist dieser herbe Bau durch die exakte Rustika, die wie bei Paladio häufig als eine Art Plattenbelag das Erdgeschoß ziert. Im völlig umgebauten Inneren vermittelt nur noch der runde Kuppelsaal mit doppelter jonischer Säulenstellung in den Durchgängen — eine Art Pantheon im kleinen — von der Sorgfalt und Strenge der Genellischen Detailbehandlung einen Begriff. Eine überkritische, zur Betrachtung mehr als zum Schaffen neigende Natur gab er sich, infolge der Kriegszeit überdies in seinen Unternehmungen verhindert, die letzte Hälfte seines Lebens auf dem Finkensteinschen Gute Madlitz verlebend, zuletzt ausschließlich wissenschaftlichen Studien über den Vitruv, den Tempel- und Theaterbau der Alten hin. Dem jungen Schinkel bot er ein ihm übertragenes Projekt eines Treibhauses für einen Grafen von Medem in Kurland an. Er führte mit Moritz, Hirt, Solger u. a. die archäologische Richtung herauf und steht in dieser Hinsicht außerhalb des Architektenkreises in Berlin um 1800. Mannigfache Äußerungen tun denn auch die Gegnerschaft des wunderlichen, aber edlen Mannes gegen die Kunst der Zeit dar. Von seinem Bruder Janus und ihm sagt Schadow in seiner Weise: »durch Trägheit und böse Zunge verdarben beide ihre vortrefflichen Anlagen und sind vergessen«.

Hans Christian Genelli. Marmorbüste von Rauch.

Die weiteren Baumeister der Berliner Schule um 1800 können nur aufgezählt werden: Riedel der Ältere und Jüngere aus einem Ansbacher Architektengeschlecht, der letztere Herausgeber einer wich-

Haus Ziebingen. Von Hans Chr. Genelli um 1800

tigen Sammlung architektonischer Verzierungen, Eytelwein, hervorragender Techniker, Moser, Urheber des Triumphbogens für das Prinzessinnenpaar 1793, Rabe, Simon, der jüngere Langhans, Jackisch, Meinecke, Berson, Eiselen, Erbauer der Eisengießerei; in Potsdam Manger und Krüger. Aus den östlichen Provinzen des preußischen Staates, deren Bauwesen von Berlin aus geleitet und bestimmt wurde, heben wir hervor: Held in Danzig, den Erbauer des dortigen Theaters, einen Schüler des Langhans und D. Gilly, Lilienthal in Königsberg, Heerman in Posen, in Schlesien: Oberbaudirektor Pohlmann, ein Schüler des Dieterichs, Mitarbeiter des Langhans u. D. Gilly (†1801); Bauinspektor Kirchstein, Pohlmanns Schüler, Erbauer der Badeanlagen in Warmbrunn (1802), Oberbauinspektor Geißler, Schüler des Langhans (Trinkhäuser usw. im Bade Reinerz), Schulz (Theater in Glogau, Rathaus in Schmiedeberg), Heffert, Leyser usw. Außer Anhalt-Dessau, Braunschweig und Weimar stehen in dieser Epoche die beiden Mecklenburg in engster Beziehung zur Berliner Bauschule (Ludwigslust, Dobberan, Heiligendamm, Burg Schlitz, Hohenzieritz, wo die Königin Luise starb u. a.)

In Kürze sei noch ein Meister hervorgehoben, der zwar nicht zur Berliner Bauschule unmittelbar gehört, aber durch seine Berührung mit der Kunst der Gilly in diesem Zusammenhange genannt zu werden verdient:

Peter Joseph Krahe in Braunschweig,

einer Stadt, deren Schicksale, ebenso wie die von Dessau und Weimar, um 1800 aufs engste mit denen Berlins und der preußischen Monarchie verknüpft sind. David Gilly, der das Viewegsche Haus mit Unterstützung des Herzogs Ferdinand von 1801—1804 in Braunschweig erbaute, scheint den Meister im Jahre 1803 dem Herzog empfohlen zu haben. Krahe, 1758 geboren in Mannheim als Sohn des späteren Düsseldorfer Akademiedirektors Krahe, hatte von 1780—1784 in Rom und anderen Städten Italiens die Hochrenaissance studiert, die in Mannheim durch den Akademiedirektor Verschaffelt eingebürgert war, und die ja auch die Schule Gontards in Berlin anwandte. Unter seinen Skizzen begegnen die Villa des Papstes Julius, der Palazzo Farnese, Details von Bauten des Vignola, Bramante und Michelangelo, Giulio Romano usw. Zwei große selbständige Entwürfe entstanden 1785: der Plan für ein fürstliches Theater, das durch Säulenhöfe in Verbindung mit einem Musik- und Ballsaal steht, in Rom verfertigt; weiter der Plan für eine bischöfliche Kathedralkirche, dem Erlöser und den zwölf Aposteln gewidmet, in Verbindung mit den Wohnungen des Bischofs, des Propstes und von 24 Kapitularen. Der reiche Gebrauch schwerer römischer Säulenstellungen, die Verknüpfung massiger Gebäudegruppen zeigen die Einwirkung des Stils der römisch-französischen klassischen Richtung, die besonders im Kirchenbau der 70er und 80er Jahre Verbreitung fand. Soufflots Pantheon (Ste. Geneviève) in Paris ist das Hauptwerk der Gruppe, worein auch Gontards Gensdarmenkirchen (1781) gehören. Der Krahesche Entwurf zur Kathedralkirche mit zwölfsäuliger korinthischer Tempelvorhalle und dreischiffigem basilikalem Innern erinnert an die Madeleinekirche in Paris; ferner sind die Nürnberger Elisabeth-Deutschordenskirche vom Kanonikus Lipper aus Münster (1791) und das Schloß Wilhelmshöhe bei Cassel von Jussow, einem Freunde des Krahe, anzuführen. Endlich baute der Pariser Architekt Ixnard in diesem Stil die

Torgebäude. Von Krahe in Braunschweig

Klosterkirche in St. Blasien und das kurtriersche Schloß in Koblenz. Höchstwahrscheinlich haben direkte Beziehungen zu diesem Meister dem Krahe 1786 die Stelle eines kurtrierschen Baudirektors in Koblenz verschafft. Hier erbaute er 1786 bis 1787 das Theater im italienischen Hochrenaissancestil, 1791 entwarf er eine Kaserne, 1792 Bürgerhäuser am Schloßplatz usw., und 1797—1799 entwarf er mehrere Denkmale für Helden der französischen Republik, die ja im Baseler Frieden 1795 die linksrheinischen Gebiete zugesprochen erhielt. Im Jahre 1803 wurde Krahe dann nach Braunschweig berufen, wo Herzog Carl Wilh. Ferdinand seit 1797 die Wallpromenaden an Stelle der Festungswerke anlegte. Diese wenigen Jahre bis zum Zusammenbruch des Braunschweiger Herzogtums zugleich mit dem alten Preußen umfassen den Höhepunkt im Schaffen des Krahe in unmittelbarer Berührung mit der Kunst des ihm befreundeten Gilly. Die Hollandsche oder Krausesche Villa 1805, von großer Schönheit in der Massenverteilung, ist sein Hauptwerk. Anstoßend an das Viewegsche Haus in der Ecke des Platzes vor der Burg sollte in den gleichen Jahren ein Haus von 18 Achsen für die Familie von Veltheim errichtet werden, zu dem nur Krahes Projekte erhalten sind. Diese und die gleichzeitigen Entwürfe für ein projektiertes Palais der Markgräfin von Baden sowie für eine Bildergalerie (1806) gehen mit den Berliner Fassaden aufs engste zusammen. In den zahlreichen Arbeiten für Jerôme von 1806—1812 macht sich der Einfluß des französischen Empirestils wie gleichzeitig in Cassel und in Berlin geltend. 1808 Zeichnung zum Krauseschen Hause, Triumphbogen für Jerôme, Ehrenpforten in Cassel und Göttingen für ihn, Manege und Ställe beim Residenzschloß (Reithaus mit Bohlendach), Schloßtheater, Saal im Medizingarten 1808, zahlreiche Entwürfe für den Innenausbau des Braunschweiger Residenzschlosses, an dem sich auch Ludwig Catel von Berlin und Ramée von Hamburg beteiligt zu haben scheinen, 1809; Festdekorationen für Jerôme 1812. Die zahlreichen Aufträge, die Krahe nach der Wiederherstellung des Herzogtums bis zu seinem Tode 1840 bearbeitete, führen lückenlos die Umwandlung in den hochklassizistischen Stil vor Augen, der in Braunschweig durch Krahes Hauptschüler Ottmer, den Erbauer der Berliner Singakademie (1821) vertreten wird (besonders zahlreiche Projekte Krahes für das Residenzschloß 1830). Die Darstellung der Tätigkeit Krahes auf dem Gebiete der Städtebaukunst bei Anlegung der Wallpromenaden, Toravenuen und Brücken von 1805 bis in die 20er Jahre verdiente wie das gesamte Schaffen des Meisters eine eingehende Würdigung.

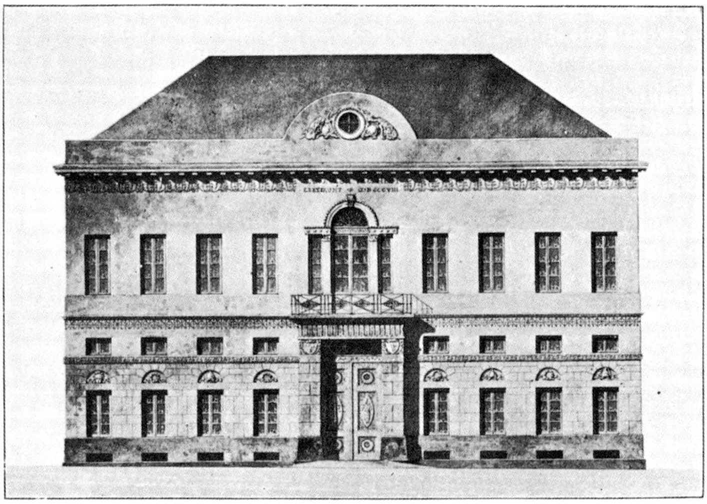

Peter Joseph Krahe. Aufriß zum Krauseschen Hause. 1808

Peter Jos. Krahe. Aufriß zum v. Veltheimschen Hause in Braunschweig. Um 1803

Charakteristik

Aus den verschiedenartigsten Kunstgebieten, aus Paris, Rom und London, war eine neue Form seit den 70er Jahren in den Bezirk der Berliner Architektur eingedrungen; es bildet sich daraus im Verlaufe der 80er Jahre ein einheitlicher Stil, der bis ans Ende des 1. Jahrzehnts des 19. Jahrhunderts herrschend bleibt. Bevor er in seinen Einzelheiten charakterisiert wird, ist nochmals zu betonen, daß er Hauptmomente aus dem Vorautgegangenen beibehalten hat; ein wesentlicher Gegensatz gegen dieses ist er nicht. Dem analog ist die zusammen mit ihm erblühte Bildhauerschule Schadows, unerachtet ihrer größeren Realistik und Schärfe, sowie des ruhigeren griechischen Reliefstils, doch von der echt plastischen körperlich sinnlichen Empfindung der Barockbildhauerei bis in die gleiche Zeit beseelt gewesen. Daher das wunderbare Zusammenwirken zwischen strenger Architektur und plastisch lebendiger Bildhauerei wie beim Brandenburger Tor, ohne das eine der beiden Künste der anderen Gewalt antut; in diesem Punkte ist der Bau einer der schönsten, die es gibt. So auch bei den Häuserfassaden. Die figürlichen Reliefs, die in Stein oder Stuck geschnittenen Ornamentfriese werden in eingetiefte Felder gesetzt oder in Tafeln aufgelegt, sie heben sich aus der ideelen Fläche der Fassade nicht mehr heraus, die plastischen Kräfte durchströmen das Bauwerk nicht mehr ungehindert nach oben wie im Barock, sie leben sich nicht mehr in den krausen Figuren und Vasen der Attiken aus: das tektonische Aufschichten der Mauern, ihre Täfelung mit Platten, wie in der antiken Kunst, treten an Stelle des malerischen Aufströmens der Glieder, aber dennoch behält die Fassade die plastische Belebung der Flächen bei. Das Raumgefühl des Barock und das moderne Streben nach Klarheit der Konstruktion und Zweckmäßigkeit verbinden sich in diesen Werken aufs feinste.

Grundriß- und Fassadenbildung

In dem Theaterbau bleibt der ovale Grundriß des Barocktheaters beim Zu-

Friedr. Gilly. Aufriß zum Hause Behrenstraße 62

schauerraum in Geltung, die Logenränge sind leicht geschweift, die Scheidewände der Logen radial auf das Proszenium orientiert. Langhans, Schauspielhaus in Breslau 1782, Inneneinrichtung des Opernhauses 1787, Theater in Charlottenburg, vor 15 Jahren innen zerstört, Potsdam, Erdmannsdorff in Dessau, Gilly, Theater in Posen, Königsberg. Forderung der amphitheatralischen Anordnung in der Schrift von Catel über Theaterbau 1802, in dem Entwurf von Gilly für das Nationaltheater, in der Theorie der Verbreitung des Schalles für Baukünstler von Rhode Berlin 1800; eine Zwischenstufe: Gentz, Lauchstädt 1802; unter Beziehung auf Pattes Untersuchung: Essai sur l'Architecture theatrale Paris 1782 verteidigt Langhans in einer Broschüre die elliptische Form, die er dem Nationaltheater zugrunde legte gegen diese »Zirkelschule«: »Viele haben eine so große Vorliebe für das Altertum, daß sie einen Halbzirkel verlangen mit ansteigenden Stufen, allein es ist wahrlich überflüssig, sich über die Form der alten Theater weitläufig einzulassen, weil das, was von denselben gilt, auf den Bau unserer Schauspielhäuser gar keinen Einfluß haben kann, indem ihre Schauspiele von ganz anderer Art waren und ihre Sitten von den unsrigen sehr verschieden sind«[1].

Der Kirchenbau tritt in dieser Zeit zurück; vorherrschend sind langrechteckige oder ovale Bauten mit mehrstöckigen auf Säulen ruhenden Emporen (Langhans in Schlesien, Gilly, Swinemünde), im fortgeschrittenen Klassizismus schon die protestantischen Dorfkirchen von Riedel; in den Provinzen hält sich die heimische Bautradition länger; zahlreiche aus Pommern und Schlesien nach 1814 eingesandte Entwürfe werden von Schinkel als Oberbaudirektor durch Fortstrich der hohen Dächer und Verantikisierung der barocken Putzmotive ihres Reizes entkleidet (Mappen im Schinkelmuseum).

[1] Vergleichung des neuen Schauspielhauses zu Berlin mit verschiedenen ältern und neuern Schauspielhäusern in Absicht auf akustische und optische Grundsätze. Berlin 1800. Vgl. auch die interessante Schrift des jüngeren Langhans »Über Theater oder Bemerkungen über Katakustik in Beziehung auf Theater«. Berlin 1810.

Der Landhausbau behält die Grundrißform der französischen Akademie, ein langes Rechteck; in der Mittelachse, nach außen durch Zusammenfassung dreier Fensterachsen betont, das Vestibül und dahinter der Gartensalon meist mit drei Türen, die Zimmer in Reihen geordnet mit den Türen eine »enfilade« bildend; die Mittelräume rund, bei Langhans häufig oval mit eingestellten Säulen, oder mit abgeschrägten Ecken; außen vereinzelt nach englischem Muster Rampen und Treppenaufgänge (Wörlitz, Machnow, Buckow), das obere Geschoß immer niedrig. Das achsiale Schema wird auch im Wohnhaus beibehalten.

In der Fassadengestaltung erstrebt die strenge Richtung, das Überflüssige zu beseitigen und die Hauptwirkung durch die Proportionen zu erreichen. David Gilly sagt bei Besprechung der englischen Landhauspublikation von Wood 1806: »Wir vermissen die so notwendige Weglassung aller bei den Gebäuden so unnützen als schädlichen Vorsprünge und Auswüchse. Diese Ecken und Winkel verursachen Nässe und Stockungen in den Wänden, und besonders entstehen bei den Dächern Hohlkehlen, die nie dicht genug eingedeckt werden können. Jeder vernünftige deutsche Baumeister wird daher das längliche Viereck bei einem jeden Wohn- und Wirtschaftsgebäude zum Grundplan wählen und schädliche Anhängsel vermeiden — allein, wodurch soll denn nun das so beliebte romantische Ansehen bei den Landgebäuden herkommen, wenn man es nicht gerade in jenen Abwechslungen bald vorspringender, bald zurücktretender Partien der Gebäude, in Erkern, in Fenstern, die breiter als hoch sind, in halbrunden Fenstern suchen soll, unbekümmert ob etwas Schädliches oder Unzweckmäßiges hervorgebracht wird!... Wann wird man doch auch im Baufache von der Anglomanie geheilt werden.« »Möchte man, anstatt der nicht nur bei den Wohngebäuden, sondern selbst bei den Stallungen angebrachten, öfters den Wert des Landguts übersteigenden Steinmetzarbeiten an Säulen, reichen Gesimsen, Frontons und dergleichen bloß Symmetrie und gute Verhältnisse in Absicht der Fenster und der Zwischenpfeiler und einige mit dem Gedanken von Nutzen und Notwendigkeit zu vereinbarende Verzierungen, ein gerade fortlaufendes, gut profiliertes Hauptgesims, Fenster-Verdachungen, da wo sie scheinbar nötig sein möchten, Sohlbänke unter den Fenstern, einige gequaderte Partien der Außenseiten wählen und an den Vers des Delisle in seinem Gedicht über die Gärten denken: ,N'allez pas ériger la ferme en palais': so würden wir anstatt nach unreifen Mustern von griechischen, ägyptischen, chinesischen, gotischen Baustücken aufzuführender Mißgeburten von Gebäuden wohlgefällige, und zugleich mit dem Charakter der Ökonomie und Solidität bezeichnete Landhäuser erhalten.« »Simplizität und richtige Verhältnisse, worauf das Schöne in der Baukunst beruht« (im Gutachten des Oberbaudepartements über Heeremanns Breslauer Tor in Posen 1794). Im Jahre 1788 werden die seit 1775 zu einer Gilde vereinigten »Bildhauerdekorateurs« verringert.

Becherers Landhaus in der Tiergartenstraße. Ende 18. Jahrh.

Die Forderung, den künstlerischen Charakter aus dem Zweck des Baues zu

Ifflands Landhaus in der Tiergartenstraße um 1800. Stich von Henne 1810

entwickeln, wird erhoben. L. Catel 1802: »Es erfordert die erste Regel des Schönen in der Baukunst: daß ein jedes Bauwerk so beschaffen sei, daß es durch die dem Zweck entsprechende einfachste Form konstruiert worden. Ein Gebäude, das äußerlich eine andere Form bezeichnet als der innere Raum seiner Bestimmung nach hat, verführt den Beschauer, das ganze Werk für etwas Anderes zu halten als es ist, das heißt: das Äußere erhält einen falschen Charakter.« David Gilly tadelt die großen Fenster am Posener Schauspielhausentwurf von Koch 1802: »die großen und mehreren Fenster gehören nicht zum Zweck und Charakter der Schauspielhäuser, da sie ja geflissentlich wieder verhängt werden müssen.« Am deutlichsten spricht sich diesbezüglich Gentz aus bei der Einweihung der Münze 1800: »Ich habe öfters schon gehört, daß man sich darüber gestritten hat, in welchem Stil dieses Gebäude aufgeführt sei, ob im römischen, oder im griechischen oder im ägyptischen Geschmacke. Darauf antworte ich: daß ich mir bei der Komponierung weder ein römisches, noch ein griechisches, noch ein ägyptisches Ideal gedacht habe: sondern daß, nachdem ich meinen Geist von der Bestimmung des Gebäudes lebhaft durchdrungen hatte, ich eine Fassade entworfen, die dem Ganzen nicht bloß angemessen, sondern aus ihm notwendig hergeleitet war und nicht wohl anders ausfallen konnte: weil ich mir dieses Gebäude als ein Münzhaus, eine der ersten und ansehnlichsten Fabriken des Landes dachte und folglich den starken soliden und doch festen Charakter, den einzig möglichen für diese Klasse von Gebäuden, beinahe unwillkürlich ergriff und ihn dem Äußeren einzuprägen suchte. Scheint dieses Gebäude nun dem einen im römischen, dem anderen im griechischen, und dem ganz Gelehrten gar im ägyptischen Stil aufgeführt zu sein, so ist dies bloße Nebensache und kann meiner Meinung nach wohl nie Zweck und Augenmerk des denkenden Architekten sein, der den Charakter seines Gebäudes aus dem I n n e r e n und seiner B e s t i m m u n g entwickeln soll.« Die alten Forderungen der Blondelschen Akademie: »Simplizität und gute Verhältnisse« erscheinen hier in neuem Sinne, in freierer Form. So sagt Erdmannsdorff in dem Vorwort zu den Maßaufnahmen römischer Baudetails: diese Aufnahmen sollten dem Studierenden keine unwandelbaren festangenommenen Regeln übermitteln (wie die Säulenkanones der französischen Akademiker), er soll die Bauteile im Verhältnis zueinander und im Ganzen betrachten lernen; er soll die Kunst nicht gemessenen Vorschriften unterwerfen und zum mechanischen Geschäft herabwürdigen; die Proportionen entständen in der Einbildungskraft des Künstlers, nicht durch Berechnung, nicht durch arithmetisch bestimmte Symmetrien. Ein Geringes mehr oder weniger bringe schon eine Wirkung hervor; der besondere Charakter des Baues, die Stelle auf die er zu stehen komme, der Augenpunkt, für welchen der Künstler denkt, ihm den größten Effekt zu geben, kämen in Betracht.

Das Bewußtsein, eine neue Form gegenüber dem voraufgegangenen Stil des 18. Jahrhunderts auszubilden, tritt erst bei den jüngsten Meistern des Kreises schärfer hervor. Von Friedrich Gilly sagt Levetzow 1800: »Er begann die Werke über die römische und griechische Baukunst zu studieren, und das Auge beginnt erst dann scharf zu sehen, wenn Sehnsucht nach etwas Neuem und Unbekanntem, wenn das Bedürfnis des Herzens oder des Geistes den Beobachtungsgeist zur Erreichung eines geahneten, außerordentlichen Zweckes in eine ungewöhnliche erhöhte Tätigkeit versetzt.... Simplizität der Ideen, Größe und harmonische Einheit der einzelnen Formen, höchste innere Vollendung des nur durch die Zweckmäßigkeit und höheres Bedürfnis notwendig gebotenen Zierrats: das war der Hauptinhalt der Bemerkungen, die er sehr bald von einer genaueren Ansicht der Denkmale der alten Baukunst abzog.« Die Größe ist ihnen ein nachstrebenswerter Hauptvorzug der antiken, der dorischen Kunst. So bemerkt Gentz in seinen Briefen aus Sizilien: »um eine der Hauptregeln der Kunst, die Regel der Einfachheit äußerst zu erhalten, ordneten die Alten ihre Gebäude so an, daß das Auge von der Betrachtung des Ganzen nie zur Betrachtung irgend eines einzelnen Teiles abgezogen würde... Diese Regel ... bringt den Architekten auf den Weg, dem getäuschten Auge Größe, öfters in einem sehr engen Raum vorzuspiegeln.«

Kaserne des von Winnig und Kunheimschen Regiments. Von David Gilly (?) um 1800

Anstelle des Mansarddaches tritt überall das flache im Winkel von höchstens 45° geneigte italienische Dach; belebt durch geschweifte Dachfenster (Weinhaus Habel 1800). Eine besondere Form, zum Teil aus dem Bestreben der Holzersparung, sind die Bohlendächer, nebeneinander gereihte sphärische oder auswärts gerundete Sparren, die aus 2- oder 3-fachen Brettern zusammen geschlagen sind, daß die Fugen nicht aufeinander treffen; die Brettstücke wie die Kränze von Mühlenrädern zusammengenagelt. Diese von Philibert de l'Orme im 16. Jahrhundert erfundene Dachkonstruktion wurde von le Grand und Molinos bei der Halle aux bleds in Paris 1782 verwendet (zerstört 1803), bei der Halle aux draps von Mézières 1787 (zerstört 1853). Langhans führte sie zuerst bei der Kuppel der Anatomie 1787 ein, Gilly machte sie durch Herausgabe der de l'Ormeschen Schrift »Nouvelles inventions pour bien bâtir et à petits frais trouvées n'aguerres Paris 1578« in seiner Abhandlung über Erfindung, Konstruktion und Vorteile der Bohlendächer, Berlin, Vieweg 1797, allgemein bekannt. Beispiele: Nationaltheater von Langhans, Theater in Potsdam, Reitbahn der Gensdarmes, Paretz, Kirche; Meierei in Bellevue, besonders sorgfältig; Eisengießerei, Theater in Danzig, Exerzierhäuser in Berlin, Stettin, Königsberg, erhaltene Reitbahn in Stralsund, usw.

Die Richtung auf das Zweckgemäße kommt in der Gestaltung der Nutzbauten zur Geltung. Kasernen, Reitbahnen, Exerzierhäuser, Wacht- und Chausseehäuser, Fabrikanlagen (Eisengießerei von Eiselen 1804–1805), Hütten- und Hammerwerke, Kupferhammer in Eberswalde, Hütten in Gleiwitz und Malapane in Schlesien; Verdienste der Staatsminister Schlaberndorf, Hoym, Rheden um die dortige Industrie.

Das Zusammenwirken der Gebäude mit der Landschaft durch die ruhigen Linien, die blaßgelb gefärbten Putzwände, die braunroten Ziegeldächer wird bewußt ausgestaltet. Die Vereinigung klaren architektonischen Empfindens und malerischer Auffassung ist besonders deutlich in den Äußerungen und Aufnahmen des jüngeren Gilly; einzelne Abschnitte aus dessen Programm zu den Vorlesungen über Optik und Perspektive als Grundlage einer theoretisch artistischen Anweisung zur Zeichenkunst, besonders für Architekten, gehalten im Herbst 1799 an der Bauakademie, lauten: »Perspektivkunst in Wahl und Behandlung der Ansichten ... in Rücksicht auf malerischen Effekt, ... äußere Anlagen der Gebäude, Verbindung derselben mit Gartenanlagen und Landschaft. Artistische Beobachtungen über perspektivische Projektion auf scheinbare und wirkliche Gestalt, besonders für Architekturwerke angewendet. Scheinbarkeit und Verkürzung architektonischer Massen und ihrer Teile, der Verzierungen, Statuen, Basreliefs usw. . . . Kunstmäßige Wahl und Behandlung der Beleuchtung und Schattierung ... Natur und Kunst in Effekt und Haltung des Ganzen ... Besondere Effekte zu beabsichtigten Wirkungen der Vorstellungen ... Eigentümlichkeit und Harmonie der Farben zu einem besonderen Wohlgefallen für das Auge; Charakteristik und kunstmäßige Wahl derselben in dieser Rücksicht. Effekt und Haltung farbiger Vorstellungen, verglichen mit den Zeichnungen in einem gleichen Tone.« Aus Gillys Beschreibung von Rincy 1797: »der reich ausgezierte Wohnsitz ist von freien Umpflanzungen umgeben, die mehr das Werk der Natur als der Kunst zu sein scheinen . . . Feld und Wald gehören zum Garten und ein malerischer Zusammenhang vereinigt sie zu einem Ganzen . . . Dies ist der Charakter des Landsitzes, in dessen Mitte sich die fürstliche Wohnung erhebt, die in dem Ganzen nicht auffallend hervorsticht oder durch ihr Äußeres zu sehr blendet, sondern vielleicht im Gegenteil die Wirkung der umgebenden

Gefäße in Steinschnitt. Freienwalde

Landschaft erhebt.« Hierzu gehört der englische Gartenstil in seiner freien und malerisch großen Wirkung durch See- und Wiesenflächen und zusammengeschlossene Baum-Silhouetten; mit Vorliebe Ahorn, Platanen und Pappeln, wo nicht ältere Eichen- und Buchenbestände benutzt werden. Der Umbau des Charlottenburger Parkes um 1790 ist wohl die glücklichste Schöpfung in diesem Stil; 1792 begann der Graf Arnim den südlichen Teil des Tiergartens umzugestalten und die Rousseauinsel anzulegen. Dieser echte englische Gartenstil ist frei von kleinlich romantischen Auswüchsen (wie in Wörlitz), und behält von dem französischen die architektonischen Hauptlinien bei: »Ohne mich zum Verteidiger der eingekerkerten und beschnittenen Gärten, worüber man wohl oft unnötig viel gestritten hat, aufwerfen zu wollen,« sagt Fr. Gilly über Bagatelle, »kann ich den oft sehr lebhaft empfundenen Eindruck von erhabener Wirkung in vielen solchen Anlagen nicht verbergen, und ebenso wenig leugnen, daß ich ihn gerade, so besonders bei neueren Gärten — der kleinlich gemißbrauchten sogenannten englischen Umzäunungen nicht zu gedenken, oft vermisse. Der neue französische Gartengeschmack hat sich in dem Übergange zu malerischer Freiheit und vermeintlicher Ungebundenheit mehr kleinlich als groß gezeigt.« Auch in Deutschland folgte man häufig »bildernd bloß den Ladenbüchern, die nur eine Stoppelernte der englischen Gartenkunst darbieten«. »Ein ernstes und reines Studium großer Wirkungen führt allein hier zur Vollkommenheit, die das ersetzt, was man bei Aufopferung der strengen Regel verlor.«

Innendekoration und Kunstgewerbe

Die Haupt- und Festsäle behalten zunächst, ähnlich wie die Fassaden, die reichen Pilastergliederungen und Gesimse bei, mit Vorliebe im korinthischen Stil (Neues Palais, Wörlitz, Friedrichsfelde, Niederländisches Palais); die Decken bleiben hier gewölbt oder mit Stichkappen ansteigend. Flache Decken mit Kasettendekoration verwendet Erdmannsdorff im Luisium und den Parolekammern; Gentz in Weimar. Die Wohnräume zeichnen sich durch glückliche Raumverhältnisse, niedrigere Decken, Fortfall allzu schwerer Architekturglieder vor dem mehr im Repräsentativen erzogenen voraufgehenden Stile aus. Der Stuck, weiß oder blaßgetönt, wird Hauptwandbezug; zartgraue, blaßgelbgefärbte Wände in po-

Friedrich Gilly. Skizzen zu Wanddekorationen

liertem Marmorstuck, häufig als Imitationen von Porphyr, mit eingesetzten weißen Stuckreliefs zeigen besonders bei Langhans den Einfluß des Adam- und Wedgewoodstiles; ebenso die Kamine aus Marmor oder Stuck. Die Täfelung der Wände mit *Holzpaneelen* wird seltener (Saal aus dem Niederländischen Palais jetzt im Hausministerium, Pfaueninsel 1793, das ehemalige Haus des Kämmerers Rietz in Potsdam, Behlertstraße 31, mit leichter Schnitzerei); beliebt ist noch die Intarsia (Neue Kammern 1774, Schrank im Hamburger Museum von 1775, Fußboden der Königskammern, Marmorpalais, nach Zeichnungen von Langhans; hervorragende Möbel in Intarsiaarbeit von David Roentgen aus Neuwied, dem berühmten Pariser Tischler für Friedrich Wilhelm II. im Hohenzollernmuseum).

Die *Wand-Malerei*, besonders als Schmuck der Decke behauptet die wichtige

Stelle, die sie in der Rokokozeit eingenommen (Aula der Universität 1764, Neues Palais 1765–1770, Neue Kammern, Wörlitz, besonders vom Hofmaler Fischer, Kuppel der Tierarzneischule von Rhode). Seltener wird die Dekorationsmalerei auf Boiserien mit Louisseizeornamentik, vorwiegend auf den abgeschrägten Kaminecken (Paretz). Verbreitung findet seit 1780 die Malerei auf Leinwand- oder P a p i e r t a p e t e n, Haus Machnow, Potsdam, Behlertstraße 31 Friedrichsfelde; Landschaften, italienische mit römischen Ruinen (Machnow, Freienwalde, Paretz), Blumen und Bäume: Paretz; besonders schön der Art zwei Säle in Freienwalde, ein Salon mit schneeballartigen Bäumen und Sträuchern in zarter, blaßgrüner und weißer Farbe von Vögeln und Schmetterlingen umspielt auf weißem Grunde; die zugehörigen Möbel weiß lackiert mit teilweiser Versilberung, ferner der Speisesaal mit Heckenrosen, die vom Boden über die Voute weg Wände und Decke wie ein Spalier überranken; ähnlich durch gemalte Staketten als Laube gestaltetes Kabinett in den von Friedrich Gilly 1795 für den Prinzen Louis im linken Flügel des Schlosses zu Schwedt dekorierten Räumen. Auch echte chinesische Tapeten werden verwendet; Freienwalde chinesisches Kabinett. Damals beginnt auch die mit geschnittenen Holzformen h a n d g e d r u c k t e P a p i e r t a p e t e von Paris ihren Siegeslauf; die schönsten Erzeugnisse der Art sind die Tapeten mit chinesischen Vögeln in Paretz und Machnow. Einheitlich buntgetönte, mit meist englischen Aquatintablättern behängte Wände, nur mit Blumen- oder Ornamentborten aus Papier umrahmt, sind häufig.

Glasampel in Freienwalde

Mit dem Eindringen des Empire wächst die Vorliebe für buntere Tapeten, besonders für Draperie-Lambrequin- und Quastenmuster. Das Holzwerk wird mit rotbraunem Mahagoni und reicher Vergoldung verkleidet (Zimmer der Königin Luise im Charlottenburger Schloß um 1800, Entwürfe von Gentz für Weimar). Der Stil Durands, 1795 Professor der polytechnischen Schule, Perciers und Fontaines, der Architekten des ersten Konsuls und späteren Kaisers, Grandjeans de Montigny, der für Jerôme in Cassel arbeitete, dringt auch in die Inneneinrichtung (Zeichnungen von Gilly, Gentz, Krahe).

In der Theatermalerei taten sich Verona, Breysig und Burnat hervor. Das Nationaltheater gab auf Ifflands Betreiben eine Kollektion seiner von Hirt, Hummel und Dähling gezeichneten Kostüme heraus, 1801–1802. F e s t d e k o r a t i o n e n sind erhalten in Stichen Gontards zur Trauerfeier zum Tode Friedrichs d. Gr., von Moser und Krüger (in Potsdam) zum Einzug der Prinzessinnen Friederike und Luise, von D. Gilly zum Leichenbegängnis Friedr. Wilhelms II. Die von Gentz geplanten Dekorationen zur Huldigung vor Friedr.

Wilhelm III. 1798 — vor dem Schloß ein Vorbau ganz einfach und in großen Massen gehalten, mit Quadern und dorischen Säulen — wurden von dem schlichten Könige untersagt.

Unter den Möbeln sind die Sitzmöbel, Sessel, Stühle und Sofas und die Tische speziell der Schlösser zunächst vielfach in den reicher geschnitzten französischen Louisseizeformen mit kannelierten Beinen, Rosettenknäufen, Mäander- und Eierstabprofilen, weiß lackiert und vergoldet (Charlottenburg, Zimmer Friedrich Wilhelms II., Freienwalde, Neuhardenberg, Königskammern, Zimmer der Königin Friederike Luise in Monbijou). Daneben, mehr nach englischem Muster, die aus glatten, dunkel gebeizten Stabhölzern gezimmerten bürgerlichen Möbel. Die Schränke, Kommoden, Schreibtische, Büros, Sekretäre sind meist mit Mahagoni fourniert, die reicheren innen mit anderen Hölzern, amerikanischem Tuja, Pappel, Ahorn, Birke und Esche ausgelegt und in der Zeit nach 1800 mit reicheren vergoldeten Bronzebeschlägen (Beispiele auch im Kunstgewerbemuseum, Hohenzollernmuseum, Räume der Königin Luise, Märkisches Museum). Die wichtigste Fabrik für feinere Lackmöbel von Stobwasser seit 1797; Zeichnungen von Gentz, Gilly, Catel für Möbel.

Königin Luise. Um 1800
Berliner Biskuitplastik nach Schadow

In der keramischen Kunst verliert in dieser Epoche das Porzellan seine führende Stelle. Die Blütezeit der Porzellanmanufaktur (1761 von Gotzkowski gegründet, 1763 von dem König übernommen) im Anschluß an die Meißener Rokokoplastik (Elias Meyer) und Geschirrmalerei mit Blumen und Landschaften (Böhme) dauerte nur bis in die Mitte der 70er Jahre. Die Service für den König — für das Neue Palais, das Stadtschloß, Sanssouci und Breslauer Schloß gehen mit ihrer vergoldeten Rocailleornamentik in Relief und der farbigen Malerei mit den Rokokodekorationen der Architektur zusammen. Hoppenhaupt fertigte für Porzellanrahmen des Neuen Palais die Zeichnungen. In der Mitte der 70er Jahre dringen Louisseize-Ornamente — Festons, Profilköpfe – ein, antike Vasen und Urnenformen häufig nach Sèvresmustern werden Mode — Hauptexempel dieses »à la grecque« die Vasen für die Neuen Kammern 1774. Porphyrartige Dekoration der ganzen Gefäßkörper, Kannelierung und Riefung (Kurländer Muster 1780), Überziehung mit einfarbigen grünen und blauen Sèvresfonds mit ausgesparten Feldern bekunden seit 1780 die Stilwandlung auf diesem Gebiete. (Einfluß auch der Wedgewoodtöpfereien; Porzellangefäße in der von Langhans 1790 gebauten Orangerie.) Nach 1800 tritt die überreiche Verwendung des Goldes mit Empiremustern hinzu, um den malerisch-plastischen Charakter der Porzellangeschirre völlig aufzuheben. In der Plastik dagegen erlebt das weiße unglasierte Biskuitporzellan unter Friedrich Wilhelm III. eine schöne Blüte; der Architekt Genelli und Gottfried Schadow haben hierauf Einfluß gewonnen; Dessert=aufsatz für die kgl. Tafel 1788—1791, die Schalenträger nach Genelli, nach demselben auch die Idee zu dem nur in Bruchstücken erhaltenen Berg Olympus (1800—1802); die tanzenden Bacchanten in Relief be=kunden jenen feinen, bei aller Strenge lebendigen Reliefstil der Schadow=schule von 1788 bis 1806, wie er auch in den Stein= und Stuckreliefs der Ber=liner Bauten waltet. Der Hauptmodellmeister ist Joh. Carl. Friedrich Riese (1789 bis 1831): Büste des Ministers von Hei=nitz 1791, Tafelaufsatz in Schwerin mit Amor und Psyche 1800, Viktoria auf rötlicher, dorischer Por=phyrsäule; ferner hervor=zuheben: tanzende Mä=nade und Mädchen nach Rehbergs Attitüden der Lady Hamilton, Faun und Bacchus zum Teil mit farbigen Sockeln.

Friedrich Wilhelm III. Um 1800
Berliner Biskuitplastik nach Schadow

Für die Gefäße ist das eigentliche Material dieser Zeit das Steingut. Fabri=ken derart in Potsdam von Sartori, in Rheinsberg von Lüdecke, in Magdeburg, sämtlich mit Niederlagen in Berlin. Die ältere Fayence=fabrik von Proskau in Schlesien wird durch Bach in eine Steingutfabrik verwandelt. Aus der Rheinsberger Fabrik kam der Grün=der einer Berliner Steingutfabrik, Kamman, (30. Nov. 1797). Er verkaufte sie bereits im Jahre darauf an den Baron Gottfried Bur=chard von Eckardstein. Für diese Fabrik, die den Erzeugnissen Wedgwoods in Etruria nacheiferte, fertigten Gilly und der junge Schinkel Zeichnungen von Gefäßen.

In der Herstellung von glasierten Kachel=öfen, dem Hauptzweig der Berliner Töpfer=kunst um 1800, nahm seit dem Ende der 80er Jahre die Fabrik von J. Gottfried Höh=ler den ersten Rang ein. Seit 1793 war sie mit der Feilnerschen vereinigt (Hasenheger=straße); Gentz, und der junge Schinkel zeichneten für sie. Neben dieser Fabrik und in Verbin=dung damit gründeten Ludwig und Franz Catel 1801 ihre Stuckmosaik=fabrik, die vor allem Öfen, Wand= und Möbelein=lagen in Porphyr=, Lapis=lazuli= und Marmorimita=tion oder mit Malereien im etrurischen Stile her=stellte.

Unter den Glasarbeiten sind nur die Ampeln mit Kristallgehängen bemer=kenswert (Freienwalde).

Das Gußeisen begann in dieser Epoche in der Baukunst eine Rolle zu spielen; so wollte Lang=hans die Kuppel seines Friedrichsdenkmals, Ca=tel die seines Theaters mit eisernen Sparren konstru=ieren. Eine frühe Aus=führung der Art Belangers Kuppel der Halle aus Bleds 1810. Die Engländer und nach ihnen die Amerikaner erbauten seit den 80er Jahren Brücken aus gußeisernen Bögen (berühmt: die früheste von Darby und Wil=kinson über den Severn bei Coalbrookdale 1779, über die Team bei Stamford, über den Wear bei Wearmouth Northumberland (Wilson 1797). Darnach begann 1793 der Graf Rheden vom Oberbergamt in Mala=

pane in Schlesien die erste eiserne Brücke von 52 Fuß (13 m) Spannweite zu gießen. Sie wurde 1796 zu Laasan im Fürstentum Schweidnitz auf dem Gute des Reichsgrafen von Burghauß über das Striegauer Wasser geschlagen. Die Aufstellung besorgte der Engländer Baildon. Ihr folgten eiserne Brücken von D. Gilly über den Bromberger Kanal, die Berliner Brücke in Potsdam, die Kupfergrabenbrücke in Berlin 1798, kleinere Brücken im Charlottenburger Park, wohl von Langhans, im Tiergarten beim großen See, in Paretz von Friedr. Gilly usw. Es ist merkwürdig, daß nur diese frühesten Versuche der Brückenkonstruktion aus Eisen ästhetisch befriedigend sind, daß speziell nur hier die Bogensegmente und Kreise aus Eisen mit dem Quader- und Mauerwerk der Pfeiler sowie mit der Landschaft organisch zusammenwirken. Auch Rampen aus Gußeisen in Verbindung mit steinernen Postamenten wurden beliebt; derartige legte David Gilly um die Mittelallee der Straße unter den Linden und um den Lustgarten an; Überreste einer solchen an der kgl. Bibliothek; Laternenträger in Gußeisen sind in Originalen und Stichen zahlreich erhalten. Seit 1805 stellte diese Arbeiten die von Schlesien aus durch den Grafen Rheden vor dem neuen Tor angelegte Eisengießerei her. Gentz, Schadow, Schinkel fertigten Zeichnungen dafür. Im Reliefguß erreichte sie während der ersten Jahrzehnte durch den Modelleur Posch eine hohe Blüte.

Friedrich Gilly. Antike Szene, Ätzung von Fialla. Um 1800
Kupferstichkabinett

C. G. Langhans. Entwurf zum Denkmal Friedrichs des Großen 1797. Aquarell im Kupferstichkabinett

Die Entwürfe für das Denkmal Friedrichs des Großen

Das Denkmal Friedrichs des Großen beschäftigte die Berliner Baumeister am Ausgang des 18. Jahrhunderts stärker als irgend eine andere Aufgabe. Eine Betrachtung über die hierbei zutage tretenden Ideen gibt den deutlichsten Aufschluß über die Bestrebungen dieser Künstlergruppe und das umsomehr, als es sich um die Lösung eines außerhalb der Nutzarchitektur gelegenen idealen monumentalen Baugedankens handelt.

In dem Zeitraum von dem Baseler Frieden 1795 bis zum Ausbruch des Krieges 1806 gewinnt in der Denkmalsbewegung eine Strömung das Übergewicht, die den König durch ein vorzugsweise architektonisches Monument verherrlichen will.

Bereits vorher hatten die Architekten bei den Denkmalsplänen mitgewirkt. — So errichtete Carl von Gontard zu der Leichenfeier für Friedrich (9. September 1786) in der Potsdamer Garnisonkirche einen echt barocken Rundtempel zur Vergötterung des Verstorbenen; Hans Christian Genelli sandte im gleichen Jahre aus Rom einen dorischen Tempel ein, dessen allegorischen Figurenschmuck Schadow erfand. Bei der großen Konkurrenz von 1791 gab Genelli das Programm für die architektonische Ausgestaltung des Sockels, wie er zu dem Reitermodell seines Freundes Carstens den Sockel schuf. Joh. Heinr. Gentz sandte zu dieser Konkurrenz einen Entwurf aus Rom: der König zu Pferde zwischen zwei antiken Säulen. Aber eine ausgesprochen architektonische Richtung trat erst bei der Konkurrenz von 1797 hervor, wo nach dem Vorschlag des Ministers von Heinitz und des Langhans auch die Architekten zur Beteiligung aufgefordert wurden. Bis Ende April 1797 waren fünf große Entwürfe eingegangen, von denen vier auf der am 25. September eröffneten Akademieausstellung ausgestellt wurden: von Langhans, Hirt, Gentz und Gilly[1].

Langhans projektierte, indem er sich an die Vorschrift des Ausschreibens hielt, einen zwölfsäuligen Rundtempel am Eingang der Linden, gegenüber der jetzigen Universität[2]. »Die Säulen«, sagt Langhans, »sind nach dem Portikus des Philipp von Mazedonien

[1] Ausführliche Beschreibungen im Akademiekatalog 1797.
[2] Jetzt im Kupferstichkabinett.

auf Delos geformt, die Kuppel ist nach dem Pantheon in Rom gearbeitet, sie wird oberwärts offenstehen, wie die Rotonda«. In dem Tempel steht Friedrichs Statue im römischen Kostüm. Bei der Untersuchung des Blattes löste sich der Tempel ab und ein anderer Rundtempel kam zum Vorschein mit der Statue im Zeitkostüm; man sieht, wie unwichtig dem Künstler die vielbesprochene Frage: »Zeit- oder römisches Kostüm?« gewesen ist. Auch Schadow hat auf zweien der sieben Entwürfe, die er einsandte, den König im Zeitkostüm, auf vieren im römischen Imperatorengewand dargestellt[1]. Den Entwurf des Langhans bestimmte der König zur Ausführung, die unterblieb, da der König bald darnach starb.

Künstlerisch unbedeutend ist der Denkmalentwurf des Archäologen Aloys Hirt, der einen länglichen Tempel im Lustgarten plante, innen Friedrich als Heros nackt gebildet.

Der Entwurf des Heinrich Gentz 1797

Gentz erdachte eine große Denkmalsanlage auf dem Opernhausplatz, dem Forum Fridericianum[2]. Er beschreibt sie selbst: »Ein runder Tempel aus weißem Marmor, dessen reichverzierte Kuppel auf einer doppelten Säulenreihe ruht, auf einem viereckigen Untersatz ... Die bronzene Statue des großen Königs auf hohem Sockel. Die Weihaltäre auf den Ecken der Plattform hat gleichsam der König und das Vaterland dem Genius des Verstorbenen errichtet ... An jeder Ecke des Untersatzes auf den untersten Stufen liegt ein ägyptischer Löwensphinx als Symbol der erhabenen Ruhe.« Die Fortsetzung der Linden über den Opernhausplatz soll in der Mitte durch den Untersatz hindurch geführt werden. Vier Gebäude sollen die Ecken flankieren und durch Kolonnaden miteinander verbunden werden. Darein sollen eine Artilleriewache, ein Kaffee-, ein Speisehaus und Kaufläden.

Das Besondere dieser Komposition liegt in dem Gedanken, den Ehrentempel Friedrichs in Verbindung mit einer Gruppe von Gebäuden zu bringen und daraus eine einheitliche Platzanlage zu schaffen.

Woher hat Gentz die Anregungen zu seinem Entwurf empfangen? Er war 1790 nach Rom gegangen, wo er die antiken Monumente studierte[3]. Vor allem machten auf ihn, wie auf alle Zeitgenossen, die Grabmonumente, Grotten und Gewölbe Eindruck; auf zwei Reisen durch Süditalien und Sizilien lernte er die dorischen Tempelbauten von Paestum, Selinus, Segest, Girgenti und Syrakus kennen. Außer den antiken Gebäuden selbst studierte er die Aufnahmen antiker Monumente, besonders des Palladio, dessen Schriften damals eine Auferstehung erlebten. Die Kaiserbäder in Rom nach Palladios Rekonstruktionen hat Gentz besonders nachgezeichnet[4]. Diese Anregungen finden sich, wie in seinen Bauten, vor allem in der neuen Münze, so in dem Denkmalsentwurf verarbeitet: die viereckigen Säulenumgänge, von Bauten durchsetzt, die massigen Mauerflächen, nur durch Halbbogenfenster durchbrochen.

Aber der Grundgedanke des Entwurfs von Gentz wurzelt doch in der Kunst

[1] Jetzt in der Akademie.

[2] Beschreibung im Katalog S. 62. Die Vorstudie zum perspektivischen Aufriß ist in der Akademie erhalten.

[3] Vgl. P. Wallé, Zentralbl. d. Bauverw. 1889, S. 157. Borrmann, Zeitschr. f. Bauwesen 1888, S. 28[7]. Döbber, Lauchstädt und Weimar, Berlin 1908. – Fünf Tagebücher des Gentz, seinen Aufenthalt in Rom, Süditalien, Süddeutschland, Holland, England und Paris betreffend, in der Akademie. Ein Teil der Reise durch Sizilien wurde in der von Heinrichs Bruder, Friedrich Gentz, redigierten Neuen deutschen Monatsschrift 1795 herausgegeben.

[4] Er hat die Grundrisse der Termen nach Palladio in sein Skizzenbuch gezeichnet, und zwar nach einer italienischen Ausgabe. Er hat sich auch Auszüge, so der Beschreibung eines Forums, aus des Palladio »De Architectura« in der Ausgabe Galianis gemacht. – Außerdem studierte er die Publikationen der Franzosen von Rom und Süditalien, so Desgodetz 1682, Fréart de Chambray 1650, Suarez, Houel d'Hancaville (1766 bis 1767), Barbault 1770 u. a. Er kam in Süditalien besonders mit dem Franzosen Dufourny zusammen, einem Schüler Lerois, der von 1782–1795 in Palermo usw. gebaut hat († 1818).

seiner Zeit, und zwar in einer Strömung, die ihren Ausgangspunkt in Paris hat. Im Februar 1794 war Gentz aus Rom fort und berührte kurze Zeit Paris, wo er die Werke der zeitgenössischen Architekten studierte und zahlreiche Stiche nach Entwürfen dieser Meister kaufte.

Der Entwurf des Friedrich Gilly

Verwandt mit dem Entwurf des Gentz ist der Denkmalsplan des damals 26jährigen Friedrich Gilly. Gilly, dessen Vater David von Kind an die persönliche Gunst Friedrichs erfahren hatte, der eine leidenschaftliche Verehrung für den großen König empfand, hatte sich, seitdem er nach Berlin übergesiedelt war, 1788, mit Entwürfen für ein Friedrichsdenkmal beschäftigt. Aus den Skizzen, deren sich mehrere Blätter erhalten haben, bilden wir zwei ab, eine Art Mausoleum Hadriani und das Innere eines Rundtempels, Friedrich als Jupiter auf hohem Postament sitzend in der Apsis des von oben erleuchteten Rundbaues. Levetzow erzählt, wie die Idee zu der Fassung des Denkmalsentwurfs von 1797 entstand.

»Es war an einem heiteren Sommerabende im Monat Julius 1796, als ich zu Gilly auf das Landhaus des Vaters in Schöneberg kam und ihn hier im Garten mit der Zuschrift der Akademie in der Hand traf, die er eben erhalten hatte. Mit freudigen Blicken teilte er mir den Entschluß der Akademie mit, dieses Denkmal zu einem Gegenstand des Wetteifers mehrerer Künstler zu machen. Die Begeisterung, die ihn bei dieser Unterhaltung ergriff, nahm mit jedem Augenblick zu und verstärkte von Zeit zu Zeit die Lebhaftigkeit des Gesprächs, worin er mir seine große Idee immer mehr und mehr entwickelte. Wir kamen sehr bald darin überein, daß es mit einer bloßen Statue nicht abgemacht werden dürfe, daß damit ein Werk der Baukunst verbunden werden müsse, das zu einem Nationalheiligtum dienen sollte, und das alle Größe und Majestät in sich vereinigen müsse, die darin zu erreichen möglich wäre, um dadurch zugleich zu einem Beförderungsmittel großer moralischer und patriotischer Zwecke erhoben zu werden, wie es die großen öffentlichen Gebäude und Denkmäler der Alten waren.«. In dem Tempel soll Friedrichs Statue aufgestellt werden, aber keine bloße Porträtstatue, die uns den Körper und die Individualität Friedrichs darstellte. Entkleidet von allen Zufälligkeiten des Lebens, der Nation und des Zeitalters müsse dieser Heros der Menschheit ähnlich dem im Olymp von seinen irdischen Taten ausruhenden und von allen Schlacken der Menschheit durch oktäisches Feuer gereinigten Herkules erscheinen[1].

Der Entwurf, in leuchtenden Wasserfarben gemalt, ist jetzt nebst dem Grundriß in dem Ministerium der öffentlichen Arbeiten[2]. Die Beschreibung, die Gilly dazu geliefert hat, übermittelt die klarste Anschauung des Projektes. Auf dem Leipziger Platz soll sich der Tempel erheben auf länglich viereckigem Unterbau von dunklem Stein, in dessen Innerem der Sarkophag Friedrichs, seine Bibliothek und ein Museum Fridericianum aufgestellt werden soll. »Mit einem ehernen Dache bedeckt, stellt sich der Tempel dar von einem helleren Material — um die erhabene Wirkung seines Schimmers gegen den Himmel desto auffallender zu machen — länglich viereckig von dorischer Ordnung nach Art der alten griechischen Tempel, ohne alle spielende Verzierung. In die Giebel sollen

[1] Konrad Levetzow, Denkschrift auf Fr. Gilly. Berlin 1801. Levetzow war seit 1795 Professor der Altertümer in Berlin, er war auch mit H. Gentz befreundet. Unter dem Eindruck dieses Gesprächs mit Gilly schrieb er in die Denkwürdigkeiten der Mark Brandenburg einen Aufsatz: Idee eines Denkmals für Friedrich II. (Oktober 1796).

[2] Grundriß 36×58 cm. Perspektivische Ansicht: 58×131. Eine Wiederholung der letzteren (nicht von Gilly) in der Nationalgalerie.

Basreliefs; vorne: Friedrich, mit Blitzen bewaffnet, schlägt von einem mit geflügelten Pferden bespannten Wagen seine Feinde zu Boden; über ihm der Adler mit dem Siegeskranze schwebend; hinten: Friedrich erscheint auf dem Throne mit der Palme des Friedens vor dem versammelten Volk. Der Adler, die Blitze haltend, ruht neben ihm. Im Tempel sitzt Friedrich als Jupiter auf hohem Untersatz. Das Licht fällt von oben in den Tempel, die schönste Art der Beleuchtung überhaupt, besonders für eine Statue. Aus dem Tempel herausgetreten, hat man von den oberen Stufen hinab den Überblick über einen Teil der Königsstadt, zumal über die Friedrichsstadt, als über Friedrichs Schöpfung: ein einziger Anblick der Art[1]. Baumalleen sollen den Platz einfassen, gegen den Potsdamer Platz sollen Kolonnaden und ein Torbau, mit Quadriga bekrönt, den Abschluß bilden. Alleen sollen die Platz- und Gebäudegruppe mit dem Tiergarten in Verbindung setzen.

Gilly hat bei den Vorstudien eine Reihe von Gedanken über das Denkmal niedergeschrieben: »Jeder verschwendete Reichtum der äußeren umschließenden Form ist ein Überfluß, der dem Zuschauer gleichgültig, wo nicht gar ein lästiger Störenfried wird. Nicht korinthisch, nicht reiche Pracht. Die Würde des Gegenstandes setzt an sich alles hinter und unter sich. Die einzige Pracht sei einfache Schönheit, die allereinfachste; ehrerbietige Größe, die allen üppigen Sinnenreiz entfernt, mit Würde zum Anblick des großen Gegenstandes einführt, und nicht mehr ist, als eine zum Bilde verhältnismäßige Umschließung sein soll. Es zeige dieses Äußere auch in seiner einfachen Gestalt, daß es einen einzigen unvergeßlichen Gegenstand für die Nachwelt erhalten soll, wie durch die feste und unzerstörbare Masse, und es wird dadurch als ein einziges, der Menschheit ehrenvolles Monument erscheinen. — Pantheon das Weltall. — Groß auch in dem Maßstabe. Billig das größte in der ganzen Stadt. Mögen sich doch von allen Seiten her Kraft und Mittel finden, ein solches Monument zu einer würdigen Größe zu heben.«

[1] Diese Beschreibung Gillys befindet sich in einer Abschrift in den Handzeichnungsbänden der Technischen Hochschule.

Revolutionsarchitektur

Die Anregungen zu seiner Denkmalsidee empfing Gilly, ebenso wie Gentz, in erster Linie aus Paris. Wohl hat Gilly die antike Kunst in den Publikationen des Palladio und Leroi studiert — aber die Grundidee wurzelt in der gleichzeitigen Pariser Architektur.

Die Franzosen hatten im Verlauf des 18. Jahrhunderts, als die Erben der italienischen Barockarchitekten die monumentale Ausgestaltung von Platzanlagen zu einer hohen Kunst entwickelt. Knobelsdorfs Idee, den Opernhausplatz durch einheitlich gegliederte Gebäudegruppen zu einem Forum Fridericianum auszubilden ist aus dieser Tradition entsprungen. Der deutlichste Beweis, mit welchem Bewußtsein die Franzosen diese Kunst empfanden, wird durch den Wettbewerb für das Denkmal Ludwigs XV. erbracht, wo die Reiterstatue in der Mitte eines einheitlich komponierten Platzes aufgestellt werden sollte; der Place Louis XV., der jetzige Konkordienplatz, die Schöpfung Gabriels, ist das (bescheidene) Ergebnis dieser Konkurrenz[1]. Die Entwürfe des französischen Architekten Bourdet für den Ausbau des Gensdarmenmarktes im Berliner Staatsarchiv von 1774 mit der Reiterstatue Friedrichs als Bekrönung eines Straßendurchgangs gehören hierher. Die zusammenfassende Gebäudegruppierung die-

[1] Publikation der Entwürfe von Patte: Monument érigés en France à gloire de Louis XV. Paris 1765, 2. Teil: Des Projets de place qui sont proposés pour eriger la statue de Louis XV. dans Paris.

ser französisch-römischen Schule begegnete auch bereits in den Kommuns in Potsdam von Legeay und Gontard 1769.

Im letzten Drittel des 18. Jahrhunderts traten diese barocken Platzgedanken in Verbindung mit den wuchtigen Formen römischer Tempel, Foren und Termen. Auch die Entwürfe für öffentliche Gebäude, Bäder, Kollegien, Börsen, Gerichtshallen, Bibliotheken, nahmen jetzt einen solchen monumenthaften Charakter an. Die Stiche des Prieur haben uns die Preisarbeiten der Pariser Akademie bis zum Jahre 1791 überliefert: es seien das allgemeine Nationalmuseum von Gisors und Delannoi (1779), das große Grabmonument von Fontaine und Moreau, die Börse von Tardieu 1789 genannt. (Die Projekte des Krahe für ein Theater und eine Kathedrale rechnen auch hierher.) Der Stil der spätrömischen Kaiserzeit wird lebendig. Die Pyramiden des Cestius und Szipio, die Grabmonumente des Hadrian und der Metella, die Säulen des Antonin und Trajan werden von den französischen Architekten in Rom studiert.

Der Zug zum Ungeheuren, Römischen erreicht nach dem Ausbruch der Revolution die Höhe. Er erfüllt die Nationalfeste, die unter Leitung Davids und des Architekten Hubert 1791—1793 gefeiert werden. Als nach dem Baseler Frieden 1795 und noch mehr nach dem Frieden von Campo Formio 1797 der Wunsch entstand, den Triumph der Revolution zu verherrlichen, da entwarf Poyet den Plan zu einer kolossalen Säule auf dem Pont neuf, den Bonaparte vor der Reise nach Ägypten genehmigte. (Krahe, damals Baudirektor in Coblenz, entwarf ein Denkmal für den General Hoche bei Neuwied 1797; ein Nationaldenkmal für die Republik 1798 und endlich eine von einem Kreis von Pappeln umgebene Pyramide für den General Marceau bei Coblenz 1799.) Und ebenso im Jahre 1800 und nach dem Frieden von Luneville 1801 wurde eine allgemeine Konkurrenz für eine Säule auf die Freiheit und Siege der Republik ausgeschrieben. Der Hauptentwurf von Moreau zeigt als Basis der Säule einen zyklopischen Rundbau, darin die Asche der großen Männer der Freiheit beigesetzt werden sollte — nur an Festtagen sollten diese Katakomben besucht werden wodurch das Siegesmonument zugleich einen religiösen Charakter erlangt.«

Es ist nicht nur der gleiche Grundgedanke, auch die Formen sind die gleichen, die Gilly seinem Denkmalsplan zugrunde legt: hohe Stufenbauten, gewaltige Bogenkonstruktionen, daraufgetürmte Mauermassen, ohne alle Fenster, nur von oben erleuchtet; Opferaltäre, Obelisken, Sphinxe auf die Stufen verteilt! Und auch die Forderungen: Größe, Majestät; moralicher patriotischer Zweck; Würde, allereinfachste Schönheit, feste und unzerstörbare Masse. Gilly hat viele Skizzen nach solchen französischen Stichen hinterlassen. Als er im Sommer 1797 nach Paris ging, vertiefte er sich voll Feuer in die Bauten und Pläne der Pariser Meister, einigen von ihnen trat er nahe[1].

Mehrere Vorschläge, die in Berlin vor der Konkurrenz in öffentlichen Blättern getan wurden, zeigen, wie sehr die Gillysche Idee das Verlangen vieler Zeitgenossen erfüllte. So schrieb der Architekt Joh. Jacob Atzel 1796: »Friedrich der Einzige war ein Koloß unter seinen Zeitgenossen, sein Denkmal muß also eben das sein — er sitzt auf einer Felsenmasse, groß wie der Fels unter ihm mit entblößtem Haupt ins Universum schauend«[2]. Dieser Vorschlag ist dem Vitruv entnommen, der Idee eines antiken Architek-

[1] Er zeichnete in sein Skizzenbuch Porträts des Soufflot, des Leroi, der am 1795 gegründeten Nationalinstitut unterrichtete, des David, ferner Innen- und Außenansichten des Theaters Feydeau (1791 von Le Grand und Molinos), des Vestibüle des Tribunes, des Saales der 500 (von Gisors und Lekomte) mit der Inschrift: Egalité, das Marsfeld u. a.

[2] Vgl. Ansbachische Monatsschrift, 2. Band Meusels Miscellaneen 1795. Ein Stich von Atzel dazu im Hohenzollernmuseum.

ten, Alexander den Großen aus dem Berge Athos auszuhauen. Und der Schriftsteller Kraus forderte in der Berliner Monatschrift (24. Januar 1796), die Asche Friedrichs solle man im Tempelhofer Berg, dem Kreuzberg, beisetzen und den Berg in ein Denkmal umwandeln. Die Herausgeber des Torso, Bach und Benkowitz, riefen aus: »Ein Denkmal seiner Größe würdig muß neu, muß einzig sein, muß Jahrtausende dauern, wie sein Name, muß bei dem ersten Anblick Ehrfurcht und Staunen erwecken: eine Pyramide, nicht wie die indischen, nicht wie die ägyptischen Kolosse, aber von einer Größe wenigstens, wie sie bis jetzt Europa noch nicht sah, erfüllt diese Forderungen«. Im Grunewald soll sie sich am Havelufer erheben. »Der Pilger muß sie in weiter Ferne schon über Hügel und Wälder daher schimmern sehen und sich in Ehrfurcht nahen.«

Ganz die gleiche Richtung auf das Riesenhafte, Pathetische, wie in Paris.

Zu solchen Ideen stieg dort die Sehnsucht nach dem Unbegrenzten, wie zu Sorbres Entwurf eines Tempels der Unsterblichkeit in den elysäischen Feldern: ein riesiger halbkugelförmiger Bau soll sich inmitten eines Sees erheben, so daß er durch sein Spiegelbild im Wasser dem Auge sich zur Weltenkugel ergänzt.

* * *

In diesem Gefühl des Unbegrenzten achteten sich die Franzosen damals den Römern gleich. Dieses Gefühl hatte Bonaparte 1798 in Ägypten, von wo er hoffte, bis zum Ganges vorzudringen, um sich der englischen Besitzungen in Indien zu bemächtigen; es erfüllte die Offiziere und Soldaten der Expedition, dieses Gefühl wurde in dem Heere beim Anblick der gewaltigen Ruinen der Stadt Theben in dem Niltal lebendig; Denon berichtet, wie die Armee am Abend auf den Höhen angelangt, verstummte, dann in Jubel und Beifallsklatschen ausbrach, er berichtet, wie die Soldaten die Messungen der Gelehrten freiwillig unterstützten. Dieses Gefühl durchströmte das Heer, als Bonaparte vor der Schlacht auf die Pyramiden wies: »Soldaten, Jahrtausende blicken auf euch!«

Das heroische Gefühl, das diese Zeit bewegte, ringt in den monumentalen Entwürfen der Architekten nach Ausdruck. Gilly, der so viel französisches Blut in sich hatte, gibt dieser Empfindung in seinem Denkmalsprojekt in Berlin die deutlichste Form. Wir spüren das Feuer, das in dieser Seele brannte. »Jede Schilderung ist zu schwach«, schreibt Wackenroder im Februar 1793 an Tieck, als er den einundzwanzigjährigen Gilly kennen gelernt hat. »Das ist ein Künstler! So ein verzehrender Enthusiasmus für alte griechische Simplizität! Ein göttlicher Mensch!«

Zugleich wird hier aber deutlich, wie das an sich starke architektonische Gefühl von den gewaltigen pathetischen Gefühlen der Zeit fortgerissen wird. Die Architektur, die Kunst des strengumgrenzten Raumes, soll jetzt Empfindungen des Universums, grenzenlose Seelenzustände zum Ausdruck bringen »Ich kenne keinen schöneren Effekt«, sagt Gilly, sich in den Tempel seines Friedrichsdenkmals versetzt denkend, »als von der Seite umschlossen, gleichsam vom Weltgetümmel abgeschnitten zu sein und über sich frei ganz frei, den Himmel zu sehen, abends«. In diesen Jahren beginnt der Untergang des architektonischen Empfindens, aus dem wir uns erst wieder allmählich erheben.

Weitere Entwürfe bis 1806

Im Zusammenhang mit der Pariser Revolutionsarchitektur stehen auch die weiteren Entwürfe zum Friedrichsdenkmal, Dannecker sandte nach der Beendigung des Wettbewerbs eine Zeichnung, die im Hohenzollernmuseum verwahrt wird: ein Obelisk

H. C. Riedel. Entwurf zu einem Friedrichsdenkmal. 1806

in einem Waldtal. Ende 1797 schickte der Architekt Weinbrenner aus Karlsruhe ein Projekt, das bisher nicht gefunden ist, das aber in dieselbe Pariser Richtung gehört wie die Entwürfe des Künstlers für das Denkmal der Republik auf dem Chateau Trompette zu Bordeaux, für das Freiheitsmonument in Straßburg und für die Denkmäler der Generäle Beaupuy und Dessaix[1]. Schinkels Gemälde von 1801 bei Herrn von Quast, ein Reiterdenkmal vor einem auf Terassen stehenden Tempelgebäude kann hier auch erwähnt werden.

Im Jahre 1798 legte der dänische Oberst Rustad, der sich kurze Zeit in Berlin aufhielt, 17 Blatt Entwürfe für ein Friedrichsdenkmal vor, darunter trajanische Säulen, Pyramiden, an das Pantheon erinnernde Kuppelgebäude[2].

Auf der Akademieausstellung 1806, als die Armee schon ins Feld rückte, erschienen noch zwei großartige Ideen zu einem Friedrichsdenkmal. Die erste ist wieder von Joh. Heinrich Gentz, der auf dem Opernhausplatz zwei große halbkreisförmige Gebäudegruppen errichten wollte, im Zentrum der einen Friedrichs Reiterstatue nach Schadows Angaben, und gegenüber die Statue des Großen Kurfürsten Schlüters von der langen Brücke. An diesen Entwurf erinnert der perspektivische Aufriß eines Denkmals, das der Architekt Heinrich Carl Riedel im gleichen Jahre 1806 entwarf, nach einem Stich Fiallas hier abgebildet. Der zweite große Entwurf auf der Ausstellung 1806 von Ludwig Catel ist bisher nicht gefunden; Catel plante einen Ehrentempel auf dem großen Stern im Tiergarten in Verbindung mit großen Triumphstraßen zwischen Berlin und Potsdam.

Als Napoleon 1806 durch das Brandenburger Tor einzog, erschien er als die Erfüllung der cäsarischen Heldengröße, die diese Denkmalsideen erträumt hatten. Er selbst ließ Friedrichs Andenken auf alle Weise verherrlichen: Schadow erhielt durch Denon den Auftrag, das Denkmal Friedrichs auszuführen. Die Rede, die Johannes von Müller im Auftrage des Kaisers vor

[1] Weinbrenner war 1790 in Berlin gewesen und hatte sich hier mit Hans Christian Genelli befreundet. Er hatte zusammen mit dem Berner Architekten Haller bei Langhans und Becherer studiert.

[2] Erhalten in der Akademie.

der Berliner Akademie zu Friedrichs Geburtstage 1807 auf Friedrich hielt, ist ebenso wie diese letzten Denkmalsentwürfe unbewußt eine Glorifikation nicht des Friedrich, wie er war, sondern des Helden, der ihn abgelöst hatte: Napoleon![1] »Friedrich gehört, wie die unsterblichen Götter, nicht einem gewissen Land. Cäsar, Alexander, Trajan, Konstantin, Justinian: Söhne des Genius, im Besitz angeerbten erhabenen Sinnes, bilden sie alle zusammen einen Geschlechtskreis; ja sie achten gegenseitig das Andenken ihres Ruhmes. Wenn Du unsterblicher Friedrich, Dein Geist, sich einen Augenblick herablassen mag auf das, was wir auf der Erde große Angelegenheiten zu nennen pflegen: so wirst Du sehen, daß der Sieg, die Größe, die Macht immer dem folgt, der Dir am ähnlichsten ist.« Die Ideen Napoleons zum Ruhmestempel auf die große Armee 1806 und zum Forum in Mailand 1808 bewegen sich auf derselben Linie. »Im Inneren«, beschreibt der Kaiser aus dem Lager in Posen 2. Dezember 1806 den Tempel, »werden auf marmornen Tafeln die Namen aller Soldaten, Armeekorps für Armeekorps, Regiment für Regiment, aufgezeichnet, die an den Schlachten von Ulm, Austerlitz und Jena teilgenommen haben, auf Tafeln von massivem Gold aber die Namen derjenigen, die auf dem Schlachtfelde gefallen ... Auf silbernen Tafeln werden die Soldaten nach Departements eingraviert, so wie sie jedes Departement zur großen Armee gestellt hat. Keinerlei Holz darf zur Konstruktion verwendet werden; in einem Tempel, der bestimmt ist, Jahrtausende zu überdauern, muß die größte Festigkeit herrschen, die zu erreichen möglich ... Granit und Eisen sollen das Monument bilden ...«

In diesem Zeitpunkt — um 1806 — erreicht die auf das Römische Cäsarische gerichtete Geistes- und Kunstströmung, die Napoleon am deutlichsten verkörpert, ihren Höhepunkt, gleichzeitig vollzieht sich die folgenschwere Wendung der Architektur ins Romantische.

Die großen Denkmalsideen nach 1814 hängen mit der hier geschilderten Strömung bis 1806 allerdings zusammen. Die beiden besten Architekten dieser Epoche, Schinkel in seinen Entwürfen zum Friedrichsdenkmal und Klenze in seinen ersten Ideen zur Walhalla 1814, sind von den Gedanken ihres ersten Lehrers Gilly inspiriert. Ludwig Catel schlug noch in seinem großen Projekt für ein Nationalmuseum 1816 vor, dieses durch Säulenhallen mit Friedrich dem Großen auf einer Sella curulis und anderen Heroenstatuen zu einem Tempel der Unsterblichkeit auszugestalten; auch seine 1815 im antiken Stile projektierte Petrikirche in Berlin mit riesiger Bohlenkuppel wollte er als Gedächtnisdenkmal für die Gefallenen ausbilden, deren Namen darin auf schwarzen Marmortafeln aufgezeichnet werden sollten. Schinkels gleichzeitiger Entwurf für ein Siegesdenkmal, ein gotischer Dom auf dem Leipziger Platz, bekundet äußerlich den inzwischen eingetretenen Abbruch der Barocktraditionen. Dieser für die Kunstentwicklung der Folgezeit entscheidende Prozeß — der den endgültigen Verlust des architektonischen Gefühls überhaupt einleitete — kann hier nicht verfolgt werden. Nicht die Kriegs- und Notjahre, die allerdings auch dem Berliner Bauwesen und fast sämtlichen Künstlern unseres Kreises die schwersten Schädigungen, ja mehrfach den Untergang brachten, sind dabei die letzte Ursache; hier walten Umstände des allgemeinen Geistes- und Gefühlslebens, die im Rahmen dieser architekturgeschichtlichen Arbeit nicht erörtert werden können.[1]

[1] Aus dem Französischen übersetzt von Goethe.

[1] Unsere in erster Linie für den Architekten bestimmte Arbeit geht auf die romantische Seite dieser Architektur um 1800, also vor allem auf die merkwürdigen Versuche, im gotischen Stile zu bauen, nicht ein. Diese gotischen Bauten und Zeichnungen sind besprochen und teilweise abgebildet in dem Buche von Hermann Schmitz: Die Gotik im deutschen Kunst- und Geistesleben. Berlin 1922.

Kronprinzenpalais, Prinzessinnenpalais und Kommandantur um 1830. Gemälde von Krüger

Schluß: Stadtbaukunst

Die Geschichte des Friedrichsdenkmals zeigt mit größter Deutlichkeit, wie die Berliner Baukunst noch während des ersten Jahrzehntes des 19. Jahrhunderts mit der Barocktradition des 18. Jahrhunderts zusammenhängt, wie aber auch die Ideen des Zeitalters, der Napoleonischen Ära, von ihr aufgenommen werden. Zum Schluß auf das Stadtbild blickend, wie es sich in der behandelten Epoche, seit dem Ende des 7jährigen Krieges bis 1806 erweitert hat, erkennt man auch hier: wie organisch diese Meister an die Entwicklung Berlins der ersten Hälfte des 18. Jahrhunderts anknüpfen. Das von Friedrich und Knobelsdorf geschaffene Zentrum des neuen Berlins, das Forum Fridericianum, der Opernhausplatz, erhält durch den Gentzschen Vorbau des Prinzessinnenpalais mit Schwibbogen und Parkmauer und durch die Kommandantur von Titel 1802 nach der Schloßbrücke zu einen weiteren Abschluß; das Verschönerungs-Projekt dieser Gegend zwischen den Linden und dem Kgl. Schlosse, das Gentz in Verbindung mit seinem Friedrichsdenkmal 1806 aufgestellt, plante im Anschluß an zwei große halbkreisförmige Gebäudegruppen zwischen Kastanienwäldchen und Kronprinzenpalais eine Neuaufführung der Hundebrücke mit massiven Pfeilern und eisernen Bögen nach einem Projekt Friedrich Gillys (dessen letzte Arbeit), das Ganze »in Verbindung mit Garten- und Baumanlagen mit einer edlen und zu den großen in der Nähe befindlichen Massen passenden Architektur«. Diese schöne städtebauliche Empfindung zeigen auch folgende Unternehmungen: Die Einfassung der mitt-

Berlin um 1780 von Tempelhof aus gesehen. Aquarell von J. Rosenberg

leren Allee »Unter den Linden« mit eisernen Rampen und Flankierung der Zugänge mit Laternen, die Regulierung, Planierung und Begrünung des Lustgartens, die Besetzung mit dem Schadowschen Dessauerdenkmal und Einfassung mit zwei Reihen von Spitzpappeln durch den alten Gilly 1798 – »ich fand es nötig, einen Teil dieser Allee mit dem Schlosse parallel zu halten, um beim Aufmarschieren der Soldaten einen Übelstand zu verhüten, indem, wenn von der Brücke an eine gerade Linie nach der Ecke am Dom gezogen wäre, der Schloßplatz sich schief dargestellt hätte; auch wäre an gedachter Ecke ein spitzer Winkel entstanden"; der Ausbau des Quarrés, des Pariser Platzes; dessen Abschluß durch das Brandenburger Tor 1793; der Ausbau des Hackeschen Marktes 1787, des Dönhoffplatzes, des Gensdarmenmarktes um 1786 und der anstoßenden Friedrichsstadt mit einheitlich gezeichneten Fassaden bis gegen 1806; die Pflasterung der Straßen, die Besetzung mit eisernen Laternen um 1803, die Brücken- und Torbauten an Stelle der planierten Festungsgräben und Wälle: Opernhausbrücke, Spandauer Brücke, Herkulesbrücke, Königskolonnaden mit siebenbogiger Brücke, Spittel- und Mohrenkolonnaden; das Oranienburger, Rosenthaler, Hamburger Tor mit schön ausgebildeten Seitenflügeln für Wach- und Akzisedienst; endlich die bei der neuen Stadtmauer errichteten Torpfeiler und Wach- und Akzisehäuser (Meinecke 1801); die vor diesen Toren seit 1789 langsam entstehenden Chauseen: 1788–1790 die von Langhans bis Steglitz, dann bis Zehlendorf geführte Chausee nach Potsdam; um 1798 die durch den Grafen Brühl vom Brandenburger Tor nach Charlottenburg gebaute Chaussee, mit einem Fußgängerweg auf beiden Seiten, in zweibogiger Brücke über den Landwehr-Kanal führend; (über den regulierten und geböschten Landwehrkanal führten die Schlesische, Kottbuser, Hallische, Schafbrücke, jetzige Potsdamer Brücke, Hofjäger- und Fasanenbrücke), 1788 Beginn der Chaussee nach Tempelhof, 1800–1804 Chaussee vor dem Oranienburger Tor, 1803 nach Freienwalde, an der sich mehrere Chausseehäuser der Zeit erhalten haben, 1806 nach Frankfurt an der Oder; 1802 Kabinettsordre des Königs, sämtliche Straßen vor den Toren eine Meile vor der Stadt chaussieren zu lassen. Vor den Toren, am Südrande des Tiergartens, in der Potsdamer Straße, in Schöneberg, Steglitz, in Charlottenburg, Tegel, Pankow, Weissensee erwuchsen seit dem letzten Jahrzehnt künstlerisch durchgebildete Landhäuser. Zum erstenmal entstand damals das Gefühl für die märkische Landschaft. Gilly hat Beschreibungen märkischer Landschaften hinterlassen, die an Heinrich von Kleist erinnern. Der heroisch-romantische Grundton dieser Art Landschaftsempfindung ist zuerst von Rousseau angeschlagen, aber es klingt, wie bei Kleist, noch ein anderes, spezifisch märkisches Gefühl hindurch. Dies ist eine Art, in großen und strengen Linien zu sehen, wie sie Auge und Seele durch die märkische Umgebung, durch dunkle Kiefernwälder, uferlose Seenflächen, unbegrenzte Horizonte, empfängt. Von diesem Kleistischen Gefühl für das Sachliche, Straffe, Klare, Unerbittliche, das nur auf den ersten Anblick kühl und herbe erscheint, von diesem Gefühl geht auch etwas in die Architektur über. Besonders, wo sie sich mit der Landschaft berührt, ergreift dies unmittelbar.

Die neue Berliner Architektur, die kommen wird und kommen muß, wird ein in vielen Punkten von der hier geschilderten Berliner Architektur abweichendes Bild zeigen, da sich die sozialen Bedingungen und die Größenverhältnisse der Hauptstadt des neuen Reiches in den letzten hundert Jahren ganz geändert haben. Aber in dem Grundgefühl wird sie sich jener vor hundert

Pichelsberge am Ende des 18. Jahrhunderts. Aquarell im Kupferstichkabinett

Schloß Steinhöfel bei Fürstenwalde. Aquarell von Friedrich Gilly

Park von Steinhöfel bei Fürstenwalde. Aquarell von Friedrich Gilly

Friedrich Gilly. Landschaft mit architektonischer Staffage. Sepiazeichnung

Friedrich Gilly. Landschaft mit architektonischer Staffage. Sepiazeichnung

Jahren zerstörten Überlieferung nähern. Die märkische Natur, der Boden auf dem wir stehen, die klare Luft, in der wir atmen, die sind unverändert geblieben. »Und so« — um auf das Goethesche Motto zurückzugreifen — »wird sich Straße zu Straße anfügen. Die Bürger einer solchen Stadt wandeln und weben zwischen ewigen Melodien, der Geist kann nicht sinken, die Tätigkeit nicht einschlafen, die Bürger am gemeinsten Tage fühlen sich in einem ideellen Zustand; ohne Reflexion, ohne nach dem Ursprung zu fragen, werden sie des höchsten sittlichen und religiösen Genusses teilhaftig.«

Abbildungen: Vorbemerkung

Die Reihenfolge der Abbildungen schließt sich dem darstellenden Text an. Der erste Teil gruppiert sich nach Schulen und Meistern: Knobelsdorf und seine Schule; die Epoche Gontards und Ungers; eine Reihe von Innenräumen, die die Aufnahme des klassizistischen Stiles vergegenwärtigen; eine Auswahl von Arbeiten Erdmannsdorffs in Berlin und Dessau; Langhans; David Gilly; Friedrich Gilly; Jugendarbeiten Schinkels; Heinrich Gentz; Hans Christian Genelli; Peter Joseph Krahe. Der zweite Teil umfaßt, der »Charakteristik« im Texte entsprechend: Fassaden und Fassadenteile; Innendekorationen; Möbel; Öfen; Brücken und Eisengußarbeiten. Diese Disposition ist, soweit als möglich, durchgeführt worden, nur in wenigen Fällen mußte aus zwingenden Gründen davon abgewichen werden. Hier sei ausdrücklich wiederholt, daß das Abbildungsmaterial nur eine, aus einem umfangreichen, seit vielen Jahren gesammelten Bestande getroffene Auswahl darstellt, die mit Absicht auf den vorliegenden Umfang festgelegt worden ist.

Hinter den Abbildungen folgt ein ausführliches Verzeichnis aller, auch der Textabbildungen, nach Seitenzahlen geordnet. In diesem Verzeichnis ist zu den einzelnen Bauten, Zeichnungen, Stichen usw. tatsächliches Material zu finden, Notizen über Bauakten, ältere Literatur, über die Bauherren usw. Auch zu den Künstlern, die in dem ersten Teil des Textes einzeln besprochen wurden, ist hier eine Anzahl biographischer Bemerkungen niedergelegt; die langjährigen Spezialforschungen des Verfassers galten besonders den beiden Gilly, denen demgemäß auch hier ein größerer Raum gegeben ist; über Langhans ist seit einigen Jahren eine Biographie von W. Th. Hinrichs (Studien zur deutschen Kunstgeschichte, Straßburg 1909), über Erdmannsdorff im Jahre 1913 eine solche von Herrn Regierungsbaumeister E. P. Riesenfeld (E., der Baumeister des Herzogs Leopold Friedrich Franz von Anhalt-Dessau, Berlin 1913) erschienen, die letztere wertvoll durch die eigenhändigen geometrischen Aufnahmen der Bauten sowie die Wiedergabe einer Anzahl Zeichnungen Erdmannsdorffs im Herzogl. Kupferstichkabinett in Dessau u. a. O. Über Gentz hat Herr Intendantur- und Baurat Doebber, der bereits eine Reihe wertvoller Forschungen über diesen Gegenstand veröffentlicht hat, eine ausführliche Monographie herausgegeben. Endlich ist eine Arbeit über die mit der Berliner Schule, speziell mit David Gilly zusammenhängenden herzogl. mecklenburgischen Baumeister (Severin u. a.) in Vorbereitung, die um 1800 in Dobberan, Burg Schlitz, in Waren u. a. O. bemerkenswerte Bauten geschaffen haben.

Unter der bei unserer Darstellung zu Rate gezogenen Literatur ist neben den älteren Werken Nicolais, Beschreibung der königl. Residenzstädte Berlin und Potsdam, deren dritte, letzte Ausgabe (1786) allerdings gerade bei dem für unser Thema wichtigsten Zeitabschnitt endet, neben Rumpfs Berlin und Potsdam 1804, sowie Gädickes Lexikon von Berlin 1806 an erster Stelle die grundlegende Arbeit der neueren Zeit zu nennen: Richard Borrmann, Die Bau- und Kunstdenkmäler von Berlin 1893. Über Potsdam seien die Forschungen Dr. Hans Kanias: Friedrich der Große und die Architektur in P. 3. Auflage 1912 und Kunstgeschichte der Potsdamer Bauten in J. Haeckels Geschichte Potsdams, P. 1912 p. 119 angeführt. Einzelne, im königlichen Auftrag entstandene Bauten und Einrichtungen sind endlich von Herrn Professor Seidel, ehemaligem Direktor des Hohenzollernmuseums, in dem Hohenzollernjahrbuch behandelt worden unter Beigabe wichtiger Urkunden und anderer Dokumente, so die Bauten Knobelsdorfs, die Inneneinrichtung des Kronprinzenpalais 1793, das Marmorpalais, die Catelschen Zimmer im Potsdamer Stadtschloß. Zum Schluß sei auf das von Herrn Professor Dr. Mackowsky vorbereitete Werk über Gottfried Schadow hingewiesen, das wegen der engen Verbindung dieses Bildhauers mit der Berliner Bauschule, speziell mit Langhans, aber auch mit den beiden Gilly, Gentz, Becherer usw., für das vorliegende Thema von Wert sein wird.

Die Anmerkungen des Schlußverzeichnisses, die dazu dienen sollen, die allgemeinen Ausführungen des auf die Grundgedanken beschränkten Textes im Einzelnen zu beleuchten, sind auf die kürzeste Form gebracht unter Ausscheidung einer großen Menge weiterer Forschungsergebnisse. Es mußte dies geschehen auch aus Rücksicht auf den Verleger, der für die Herausgabe des Werkes bereits erhebliche Opfer gebracht hat. Für diese seltene Opferwilligkeit, die um so höher anzuschlagen ist, als der größte Teil der Neuaufnahmen unter schwierigen Verhältnissen zustande gekommen ist, spricht der Verfasser an dieser Stelle seinen aufrichtigen Dank aus.

Schloß Paretz
Stuckrosette am Mittelteil der Gartenseite

Schloßpark=Portal in Rheinsberg. Knobelsdorf 1741

Mittelbau des Potsdamer Stadtschlosses. Knobelsdorf 1745–1751

Mittelbau des Schlosses Sanssouci. Knobelsdorf 1745–1751

Ephraimsches Haus Poststraße 16. Von Dietrichs 1762–1765

Stallgebäude am Stadtschloß in Potsdam. Knobelsdorf und Krüger 1746

Joh. Michael Hoppenhaupt sen., Berlin um 1750. Entwürfe zu Gartenhäusern

Joh. Michael Hoppenhaupt sen. Berlin um 1750. Wanddekorationen

Hedwigskirche. Oberteil der Fassade. Legeay 1747–78

Mittelbau der Universität, ehem. Palais des Prinzen Heinrich. Knobelsdorf und Boumann d. Ä. 1748

Aula der Universität, ehem. Palais des Prinzen Heinrich. Um 1764

Phot. Königl. Meßbildanstalt, Berlin

Theater im Neuen Palais bei Potsdam. Um 1765

Phot. Königl. Meßbildanstalt, Berlin

Neue Kammern bei Sanssouci. Von G. Ch. Unger 1771–75 eingerichtet

Phot. Königl. Meßbildanstalt, Berlin

Saal im Schloß zu Rheinsberg. Nach Zeichnung von Langhans 1769

Joh. Michael Hoppenhaupt sen. Berlin um 1750. Fassadenentwurf

Boumann d. Ä. (?). Aufriß zur Kgl. Porzellanmanufaktur Leipziger Straße. Um 1764

Boumann d. Ä. (?). Entwurf zur langen Brücke in Potsdam. 1770

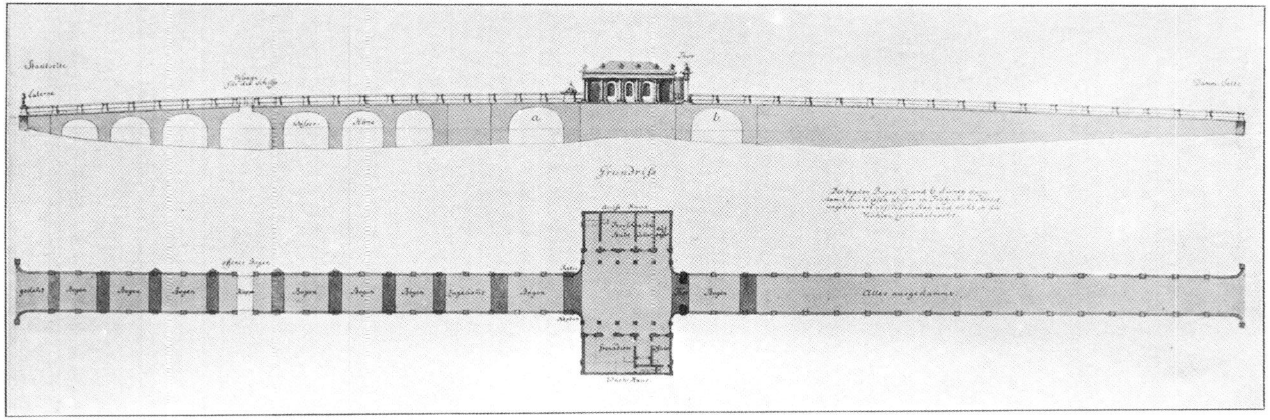

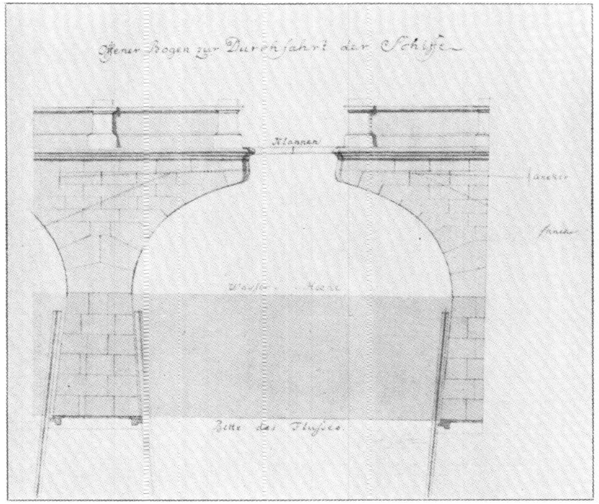

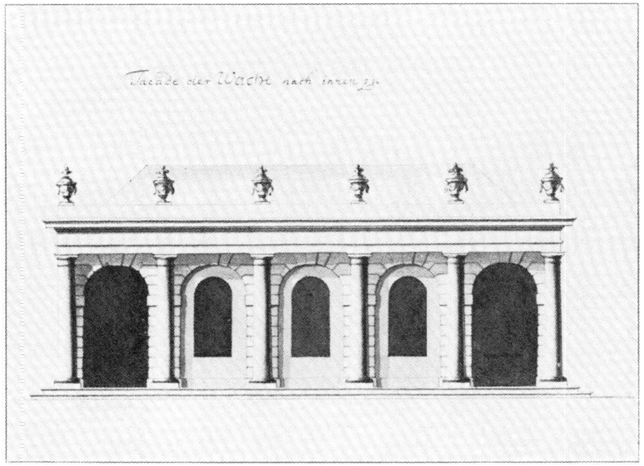

Boumann d. Ä. (?). Entwürfe zur langen Brücke in Potsdam. 1771

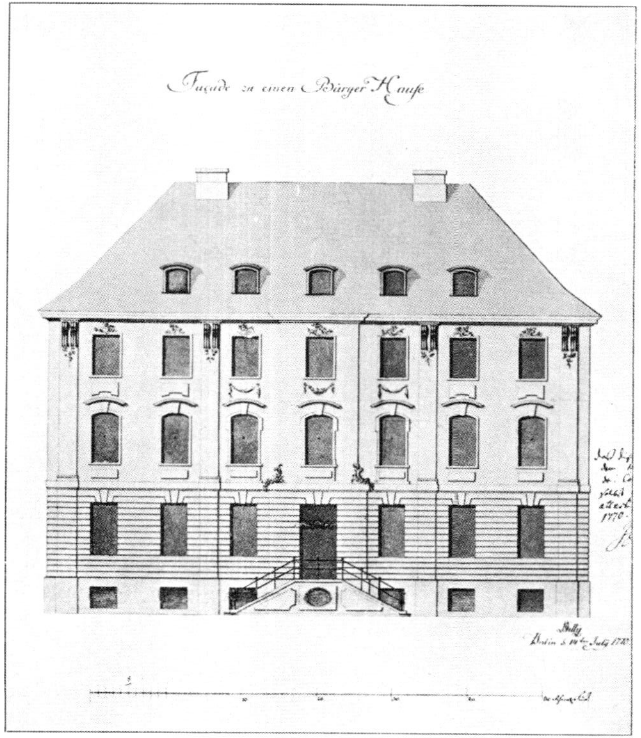

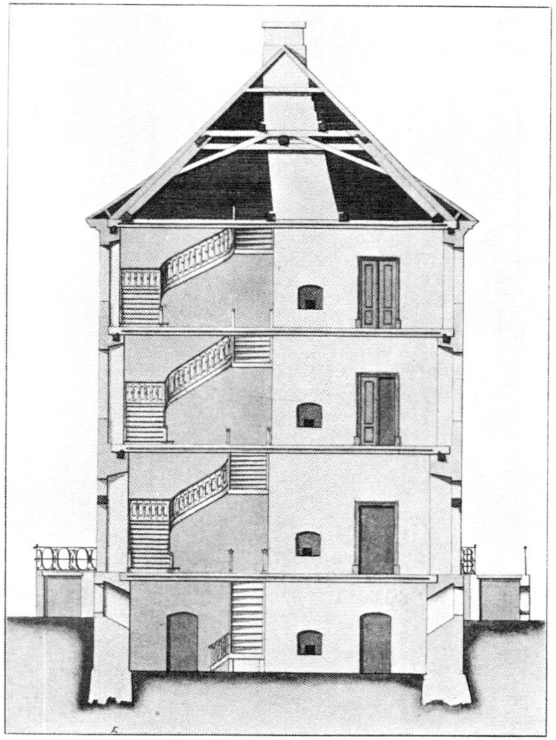

Aufriß und Querschnitt zu einem Bürgerhause. David Gilly. Berlin 1770

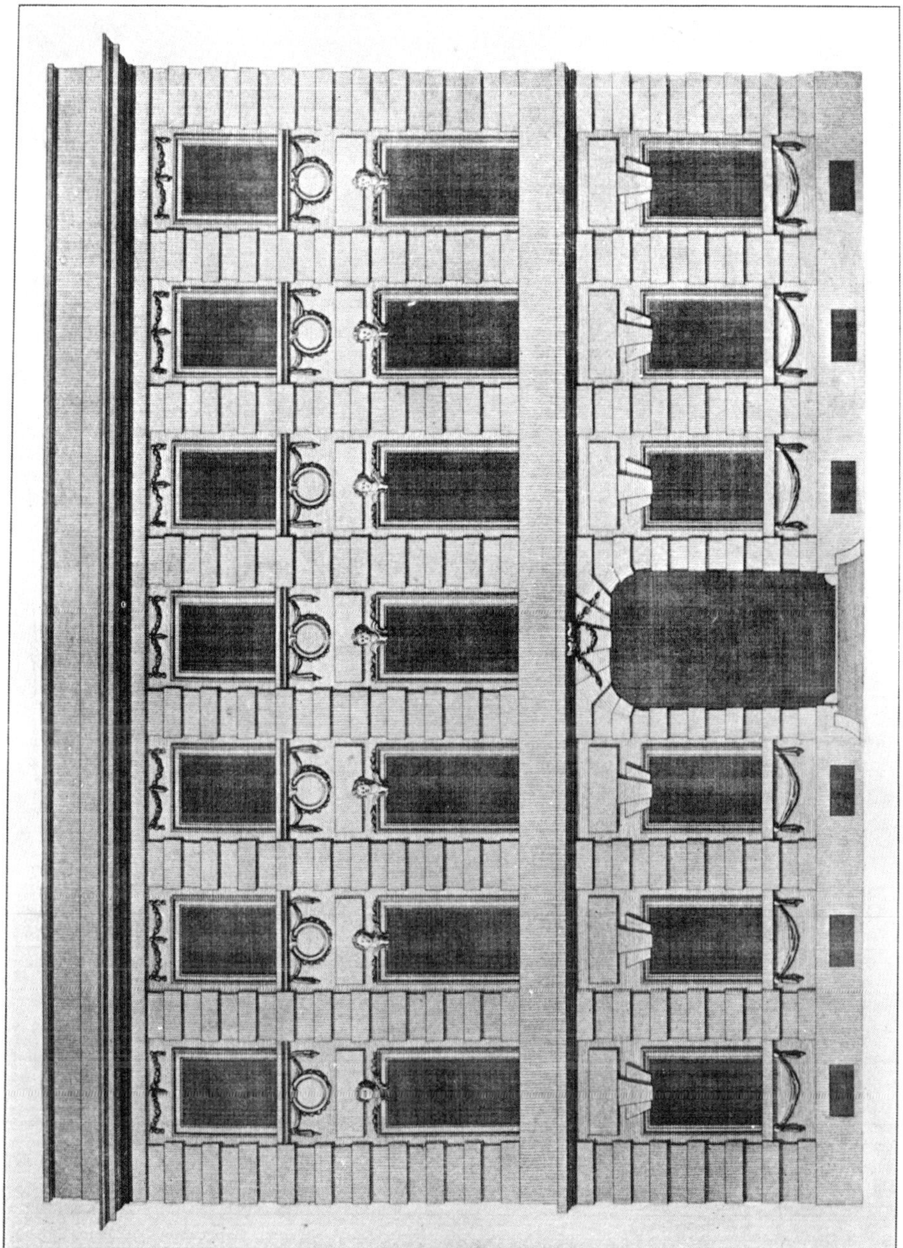

Fassade eines Kgl. Immediatbaues. Berlin 1776

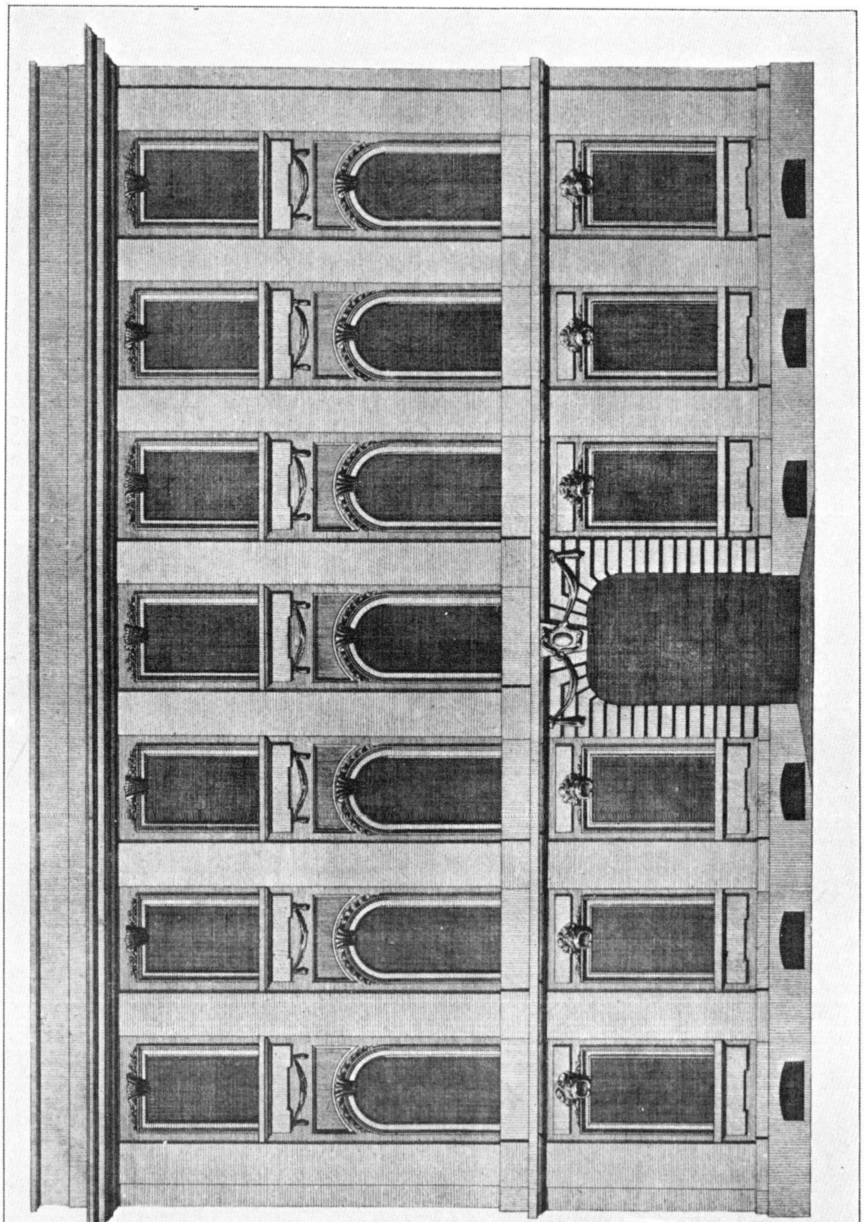

Fassade eines Kgl. Immediatbaues. Berlin um 1776

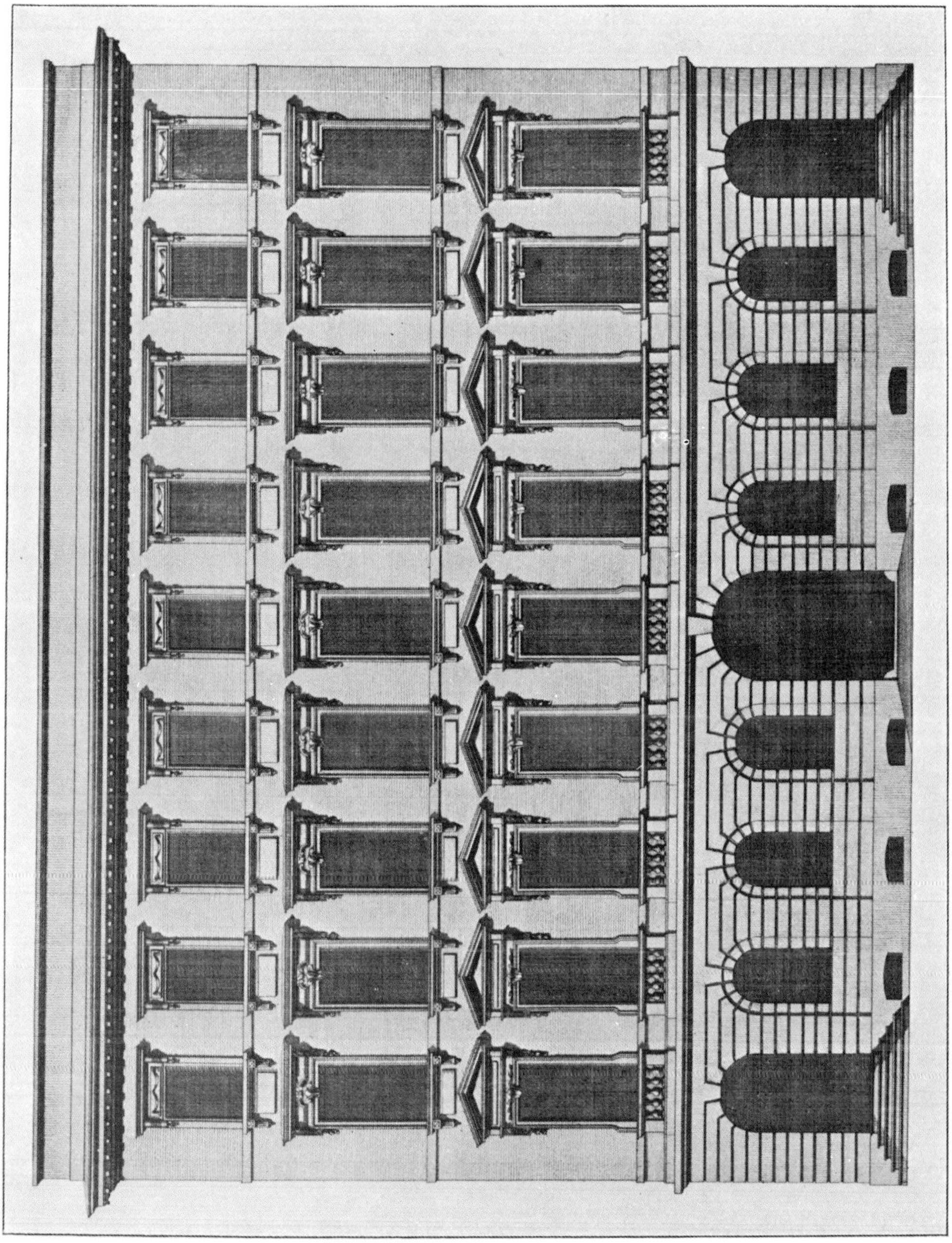

Fassade eines Kgl. Immediatbaues. Berlin 1776

Opernhausbrücke mit den Statuen. Von W. C. Meyer 1776

Königsbrücke. Von Gontard (1777–80). Nach Stich von J. C. Krüger 1785

Ehemaliges Hamburger Tor. Erbaut von Unger 1789

Ehemaliges Oranienburger Tor. Erbaut nach Gontards Plänen 1786–88

Königskolonnaden am Kleistpark. Von Gontard 1777–80

Königskolonnaden am Kleistpark. Von Gontard 1777–80

Königskolonnaden. Von Gontard 1777–80

Königskolonnaden. Von Gontard 1777–80

Der französische Dom auf dem Gensdarmenmarkt. Von Gontard 1780–85

Vorgebäude des Schlosses Monbijou. Von Unger 1789–90

Ehemaliges Kadettenhaus. Erbaut von Unger 1776

Mittelbau der Spittelkolonnaden in der Leipziger Straße. Von Gontard 1776

Mittelbau und Portal des Schlosses Bellevue. Boumann d. J. um 1785

Details von dem Hause Oberwallstraße Nr. 21. Ende 18. Jahrhunderts

Haus Schützenstraße Ecke Jerusalemer Straße. Gontard (?) um 1785

Haus Behrenstraße 41. Friedr. Wilh. Titel 1794

Phot. Königl. Meßbildanstalt, Berlin

Theater in Rheinsberg 1778. Blick von der Bühne in den Zuschauerraum

Phot. Königl. Meßbildanstalt, Berlin

Schlafzimmer des Prinzen Heinrich in Schloß Rheinsberg. Um 1775–80

Festsaal des Schlosses Neu-Hardenberg. Um 1785–90. Schmalwand

Festsaal im Schlosse Friedrichsfelde bei Berlin. Um 1785

Festsaal im Schlosse Friedrichsfelde. 1785

Säulen und Gebälkdetails aus dem Festsaal des Schlosses Friedrichsfelde. 1785

Treppenhaus des Schlosses Friedrichfelde mit gemalten Tapeten

Vestibül im Schlosse Neu=Hardenberg. Um 1785–90

Getäfelter Saal aus dem Niederländischen Palais. Von Langhans 1787. (Jetzt im Hausministerium)

Ehemaliger Saal im Palais Dönhoff Wilhelmstraße 63. Von Langhans um 1785–90

Parolesaal der Königskammern im Schloß. Erdmannsdorff 1787–88

Aus dem Parolesaal der Königskammern. Stuckreliefs von Schadow

Speisesaal der Königskammern. Erdmannsdorff 1787–88

Phot. Hartmann in Dessau

Kabinett im Schloß zu Wörlitz. Erdmannsdorff um 1773

Phot. Hartmann in Dessau

Zimmer im Schloß zu Wörlitz. Erdmannsdorff 1773

Phot. Hartmann in Dessau

Zimmer im Schloß zu Wörlitz. Erdmannsdorff 1773

Stuckdecke aus dem Schloß zu Wörlitz. Erdmannsdorff 1773

Phot. Hartmann in Dessau

Festsaal im Herzogl. Schloß in Dessau. Erdmannsdorff 1767

Fensterwand aus dem Festsaal im Schloß zu Dessau. Erdmannsdorff 1767

Kabinett im Pavillon auf dem Stein in Wörlitz. Erdmannsdorff um 1770–80

Saal im Luisium bei Dessau. Erdmannsdorff um 1775

Saal im Luisium bei Dessau. Erdmannsdorff um 1775

Schloß in Wörlitz. Erdmannsdorff 1769–73

Sommersaal in Wörlitz

Kirchhofsportal (Rückseite) in Dessau. Erdmannsdorff

Brückenhäuser an der Muldebrücke in Dessau. Erdmannsdorff

Gerätehaus im Park zu Wörlitz. Erdmannsdorff

Einfahrt und Wirtschaftsgebäude beim Amt Wörlitz. Nach 1770

Chausseehaus (Kuhhaus) bei Dessau. Erdmannsdorff 1796

Fassade der Reitbahn in Dessau. Erdmannsdorff 1790–91

Pavillons am Schloßpark in Dessau. Erdmannsdorff

Phot. Königl. Meßbildanstalt, Berlin

Haus Mauerstraße 35 (abgerissen). Langhans d. Ä. um 1790

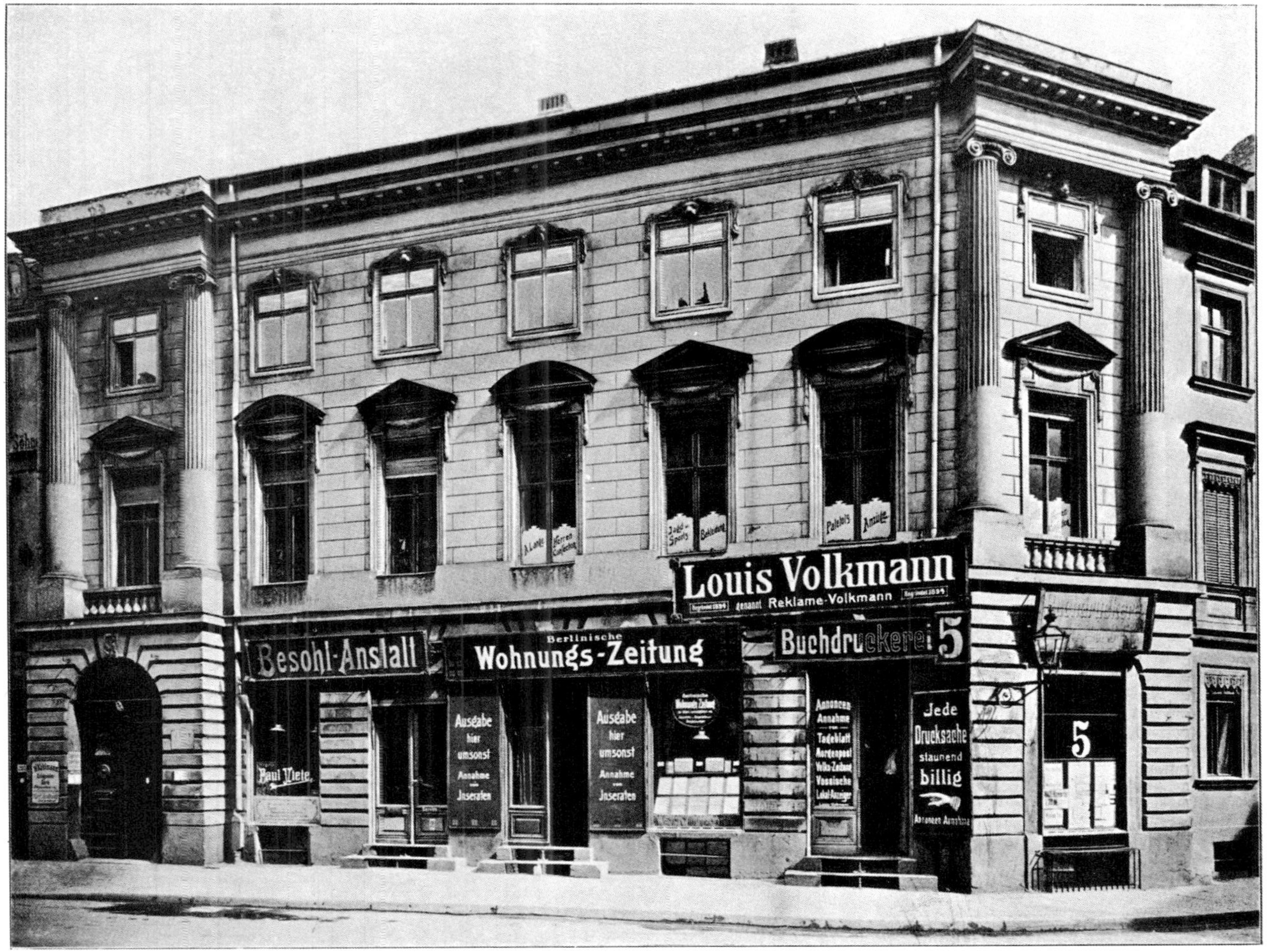

Phot. Königl. Meßbildanstalt, Berlin

Haus Neue Schönhauser Straße 5. Langhans d. Ä. um 1790

Potsdam. Marmorpalais, Hauptfassade. C. v. Gontard 1790

Potsdam. Marmorpalais, Seitenansicht. C. v. Gontard 1790

Potsdam. Marmorpalais, Treppenhaus. Krüger d. J. und C. G. Langhans 1790–91

Potsdam. Marmorpalais, Vorhalle an der Wasserseite. C. v. Gontard 1790

Speisesaal im Niederländischen Palais. C. G. Langhans um 1779

Speisesaal im Niederländischen Palais. C. G. Langhans

Schmalwand des Speisesaales im Niederländischen Palais. C. G. Langhans

Teil der Schmalwand des Speisesaales im Niederländischen Palais. C. G. Langhans

Belvedere im Charlottenburger Schloßpark. C. G. Langhans 1787–88

Kupfergetriebene Puttengruppe auf dem Belvedere im Charlottenburger Schloßpark

Belvedere im Charlottenburger Schloßpark. C. G. Langhans 1787–88

Gebälkträger vom Belvedere im Charlottenburger Schloßpark

Sandsteinreliefs vom Belvedere im Charlottenburger Schloßpark
Europa und Afrika

Sandsteinreliefs vom Belvedere im Charlottenburger Schloßpark
Amerika und Asien

Ovaler Raum im ersten Stock des Belvedere in Charlottenburg. Langhans 1788–89

Vestibül im Rietzschen Hause in Potsdam. 1796

Mohrenkolonnaden. C. G. Langhans 1787

Theater im Schloßpark von Charlottenburg. C. G. Langhans 1788–89

Anatomisches Theater der Tierarzneischule an der Karlstraße. Vorderansicht. C. G. Langhans 1787

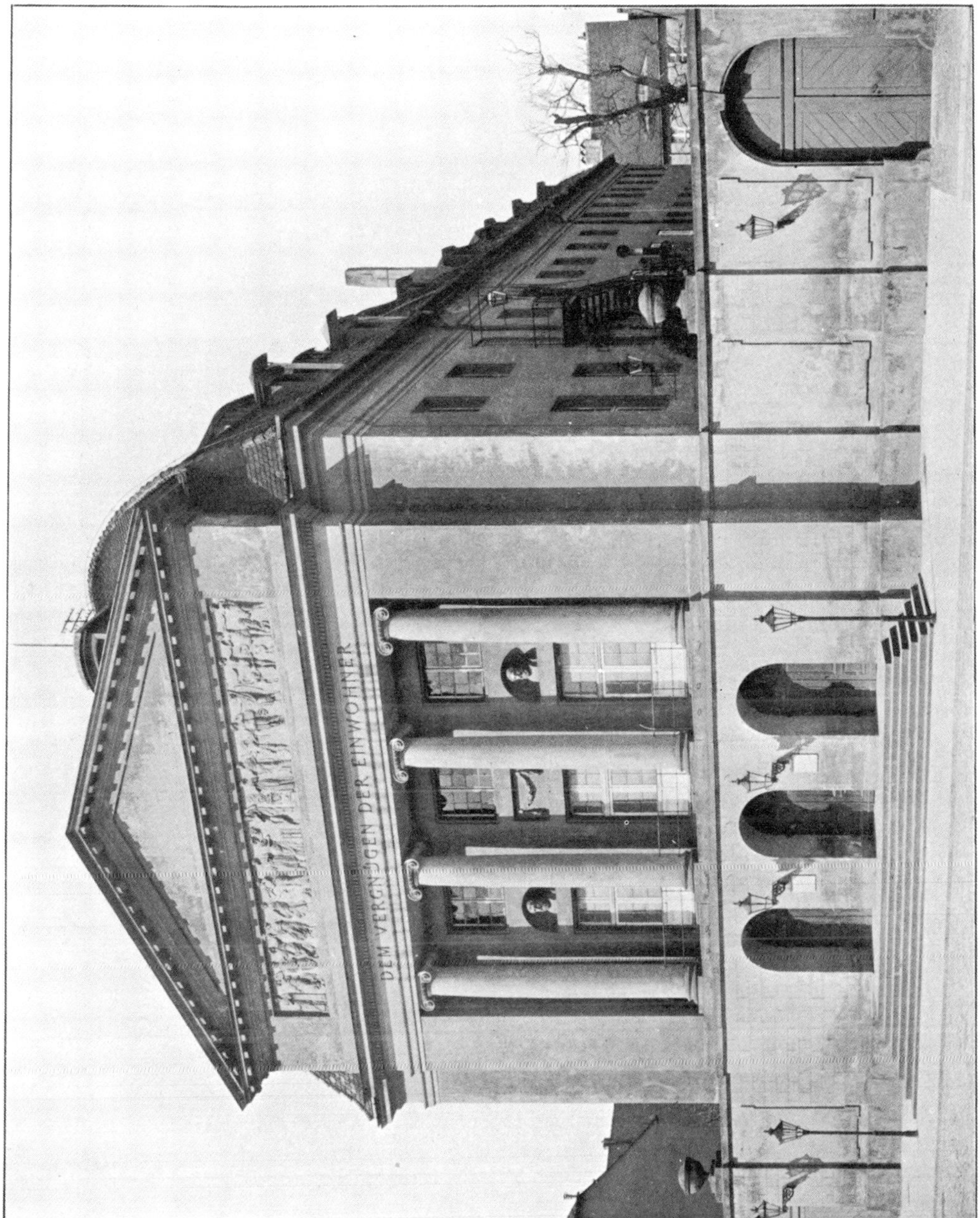

Theater in Potsdam. C. G. Langhans 1795

Das Brandenburger Tor um das Jahr 1798. Stadtseite. Aquatinta von D. Berger nach Lütke jun.

Das Brandenburger Tor. Tiergartenseite. C. G. Langhans 1789–93

Das Brandenburger Tor. Innenseite. C. G. Langhans 1789–93

Phot. Königl. Meßbildanstalt, Berlin

Das Brandenburger Tor. Detail von der Stadtseite

Das Brandenburger Tor. Stadtseite. C. G. Langhans 1789–93

Das Brandenburger Tor. Attika mit dem Siegeswagen von Schadow

Herkulesbrücke bei Monbijou (abgebrochen). C. G. Langhans 1787 und Gottfr. Schadow 1791

Sphinx und Herkules von der alten Herkulesbrücke. Schadow 1791

Tanzsaal im Schlosse Bellevue. C. G. Langhans 1791

Tanzsaal im Schlosse Bellevue. C. G. Langhans 1791

Kaminwand im Tanzsaal des Schlosses Bellevue. C. G. Langhans 1791

Säulenstellung und Ecke im Tanzsaal des Schlosses Bellevue. C. G. Langhans 1791

Schloß Charlottenburg. Schlafzimmer Friedrich Wilhelms II. 1795–97

Schloß Charlottenburg. Zimmer Friedrich Wilhelms II. 1795–97

Schloß Charlottenburg. Zimmer Friedrich Wilhelms II.

Schloß Charlottenburg. Zimmer Friedrich Wilhelms II.

Schloß Charlottenburg. Zimmer Friedrich Wilhelms II.

Schloß Charlottenburg. Zimmer Friedrich Wilhelms II.

Schloß Charlottenburg. Zimmer Friedrich Wilhelms II.

Schloß Charlottenburg. Zimmer Friedrich Wilhelms II.

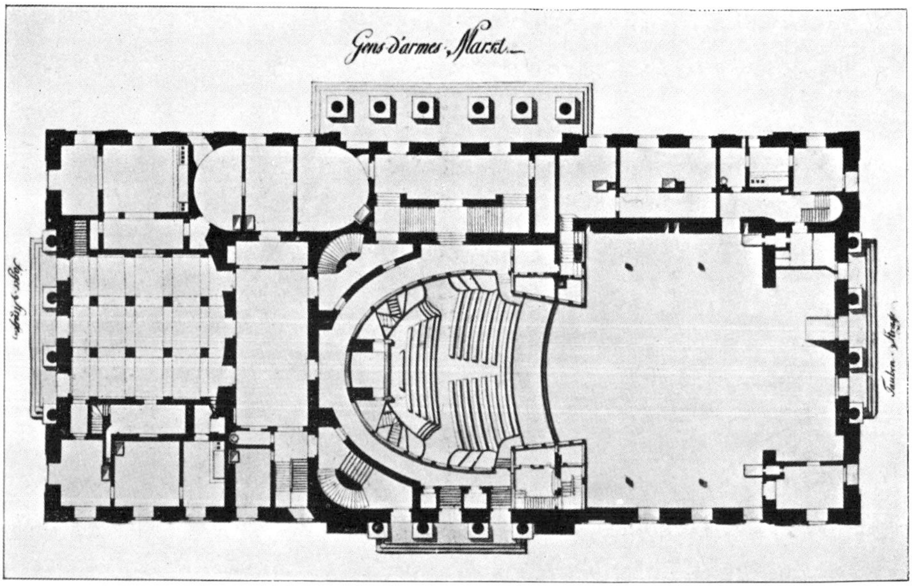

Aufriß und Grundriß des ehemaligen Nationaltheaters auf dem Gensdarmenmarkt
C. G. Langhans 1800

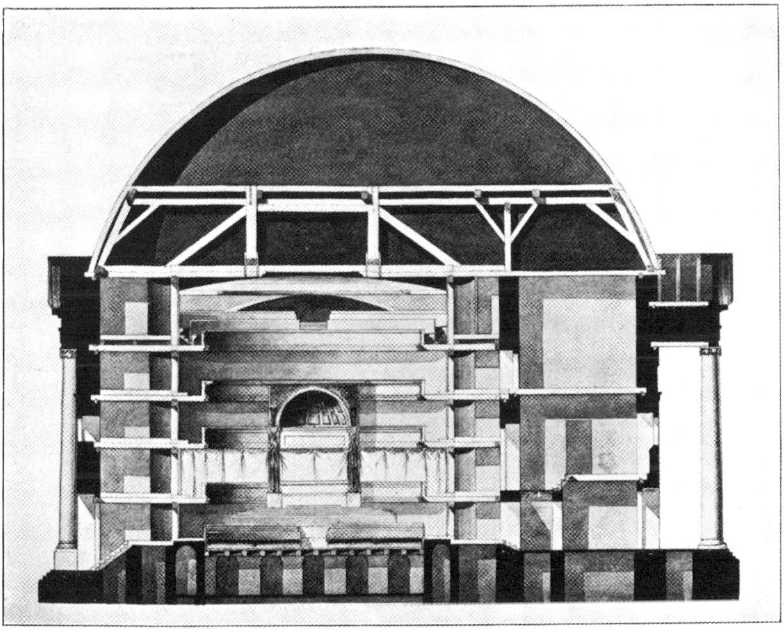

Querschnitt und Ansicht des Nationaltheaters auf dem Gensdarmenmarkt
C. G. Langhans 1800

Rietzsches Haus in Potsdam, Behlertstraße. C. G. Langhans (?) 1796

Rietzsches Haus in Potsdam, Behlertstraße. C. G. Langhans (?) 1796

Saal im Rietzschen Hause in Potsdam. C. G. Langhans (?) 1796

Wand im Saal des Rietzschen Hauses in Potsdam

Wand im Rietzschen Hause in Potsdam. 1796

Getäfeltes Zimmer im Rietzschen Hause in Potsdam. 1796

Amtshaus in Steinhöfel, Vorder= und Rückseite. David Gilly nach 1790

Schloß Steinhöfel nach Aquarell von Friedrich Gilly. David Gilly nach 1790

Parkeingang in Steinhöfel. Sphinxe. Von Schadow

Schloß Paretz. Parkseite. David Gilly 1797

Schloß Paretz. Mittelteil der Parkseite. David Gilly 1797

Schloß Paretz. Vestibül und Eingangstür

Schloß Paretz. Vorderseite. David Gilly 1797

Schloß Paretz. Großer Saal mit Tür nach dem Garten

Schloß Paretz. Parkseite. David Gilly 1797

Schloß Paretz. Vestibül. David Gilly 1797

Schloß Paretz. Treppenhaus. David Gilly 1797

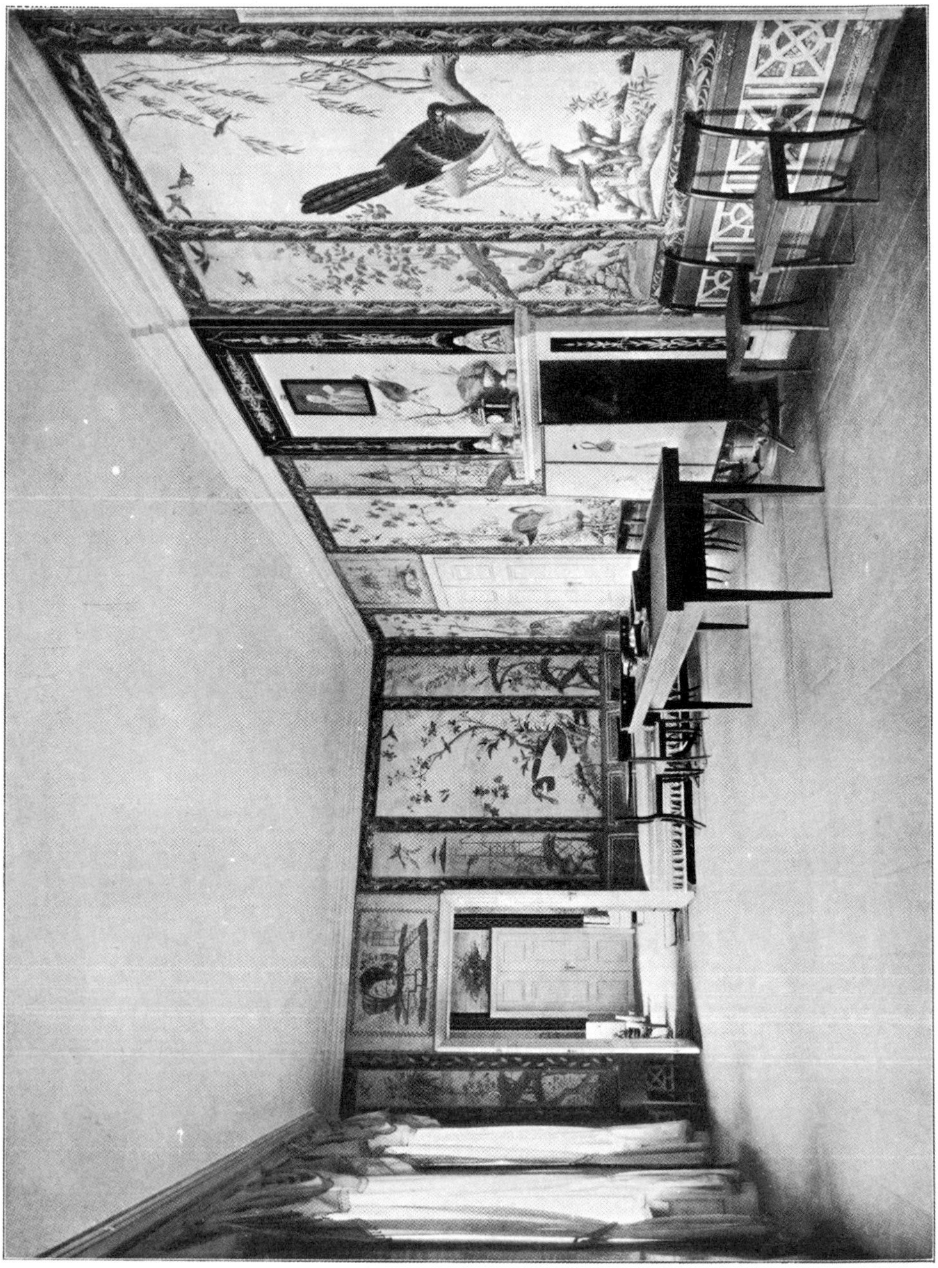

Schloß Paretz. Großer Saal mit Pariser Tapeten

Schloß Paretz. Zimmer mit gemalten Landschaften

Schloß Paretz

Schloß Paretz. Schlafzimmer Friedrich Wilhelms III. und der Königin Luise

Schloß Paretz

Schloß Paretz. Arbeitszimmer Friedrich Wilhelm III.

Schloß Paretz

Schloß Paretz

Schloß Paretz. Blaues Zimmer

Schloß Paretz. Musikzimmer

Phot. Franz Kullrich, Berlin

Schloß Freienwalde. David Gilly 1798

Vestibül, umgebaut 1909 Schloß Freienwalde David Gilly 1798 Treppenhaus

Schloß Freienwalde. Speisesaal

Schloß Freienwalde. Speisesaal

Schloß Freienwalde. Wanddetail im Speisesaal

Schloß Freienwalde. Kaminecke im Speisesaal

Schloß Freienwalde. Zimmer mit gemalten Tapeten

Schloß Freienwalde. Chinesischer Salon mit handgemalten chinesischen Tapeten. Möbel um 1830

Schloß Freienwalde. Chinesischer Salon

Schloß Freienwalde. Saal mit gemalten Tapeten. Eingerichtet von David Gilly 1798

Schloß Freienwalde. Zimmer im Obergeschoß

Schloß Freienwalde. Zimmer mit gemalten Landschaften

Haus Machnow. Zimmer mit Pariser Tapeten. David Gilly 1803

Haus Machnow. Zimmer mit Pariser Tapeten. David Gilly 1803

Haus Machnow. Zimmer mit gemalten Tapeten. David Gilly 1803

Haus Machnow. Saal mit römischen Landschaften. David Gilly 1803

Haus Machnow bei Teltow. Vorderseite

Haus Machnow bei Teltow. Rückseite. David Gilly 1803

Haus Vieweg in Braunschweig vor der Burg. David Gilly 1801–04

Haus Vieweg in Braunschweig. David Gilly 1801–04

Haus Vieweg in Braunschweig. David Gilly 1801–04

Becherer (?). Aufriß zu einem Hause in der Mauerstraße. Um 1800

Lustgarten mit Pappelanlage. Von David Gilly. Börse. Von Becherer 1801

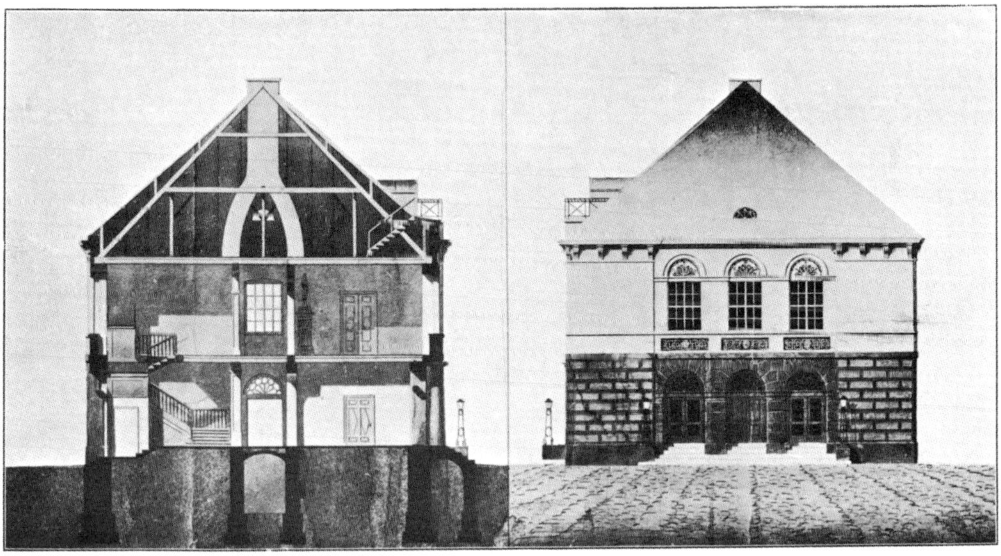

David Gilly. Zeichnungen zum Rathause in Landsberg a. d. Warthe. 1805

Friedrich Gilly. Entwürfe zum Denkmal Friedrichs des Großen 1797

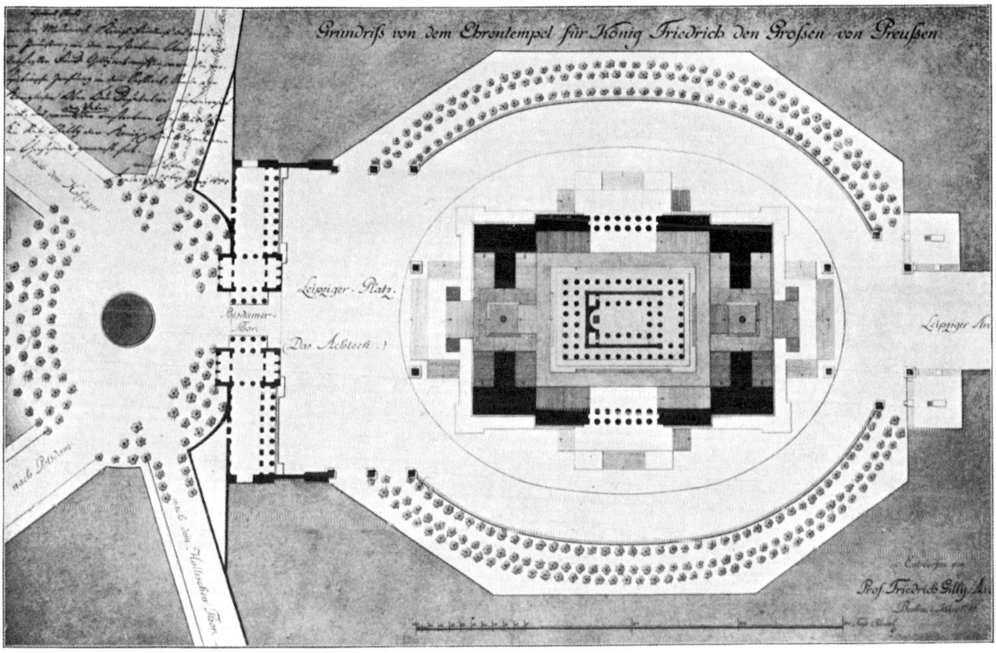

Friedrich Gilly. Aufriß und Grundriß zum Friedrichs-Denkmal auf dem Leipziger Platz. 1797

Friedrich Gilly. Potsdamer Tor aus dem Entwurt zum Denkmal Friedrichs d. Gr. 1797

Friedrich Gilly. Ecke Leipziger Platz und Leipziger Straße aus dem Entwurf zum Denkmal Friedrichs d. Gr. 1797

Ehemaliges Palais Solms Baruth, Behrenstraße. Friedrich Gilly um 1798

Aufriß des Geschäftshauses Brüderstraße 30 (abgerissen). Von Friedrich Gilly 1800

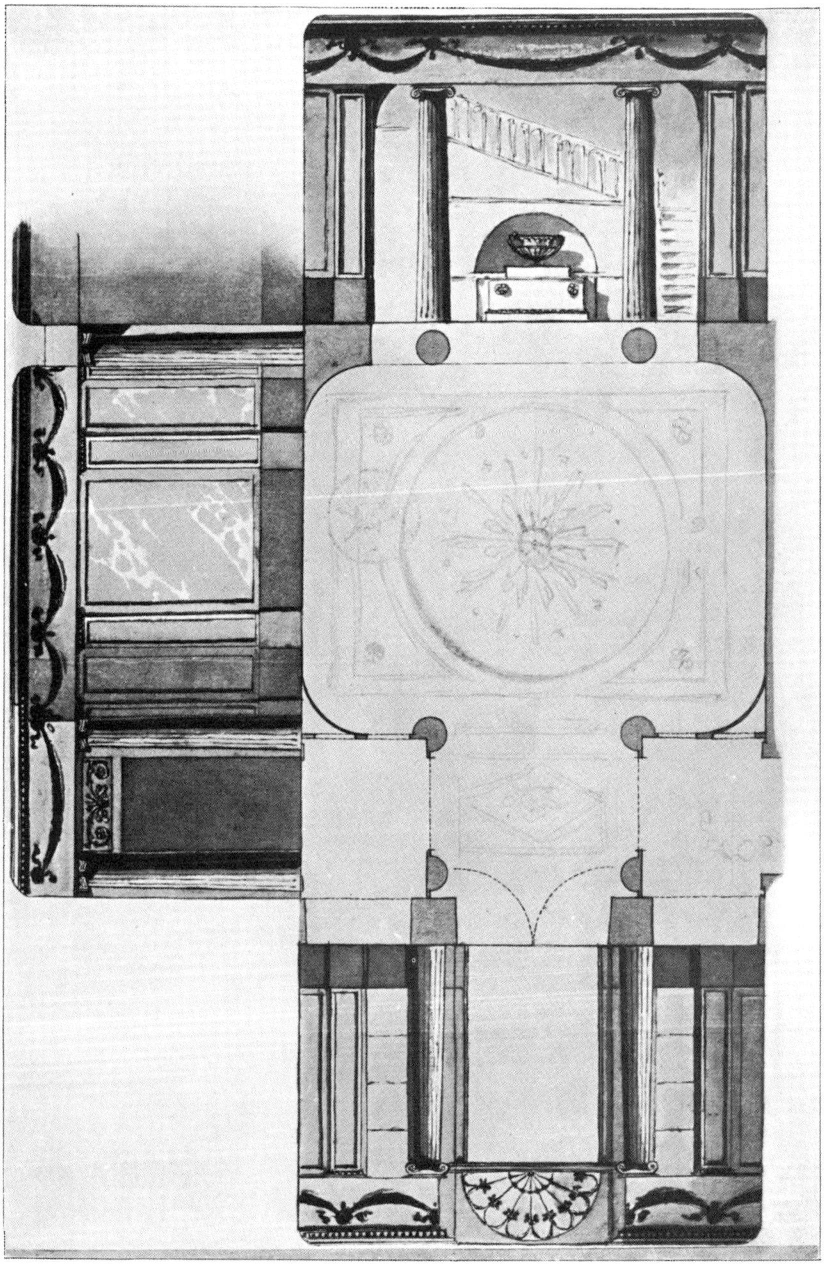

Entwurf zu einem Salon. Friedrich Gilly um 1798

1 

 2

1) Zeichnung eines Salons. Friedrich Gilly um 1797. 2) Zeichnung vom Vestibül im Schloß zu Wörlitz. Friedrich Gilly um 1797

Entwurf für ein Badehaus. Friedrich Gilly 1794

Friedrich Gilly. Entwurf zu einem Gartensaal
Stich von Wachsmann

Friedrich Gilly. Zeichnung zu einem Landhause

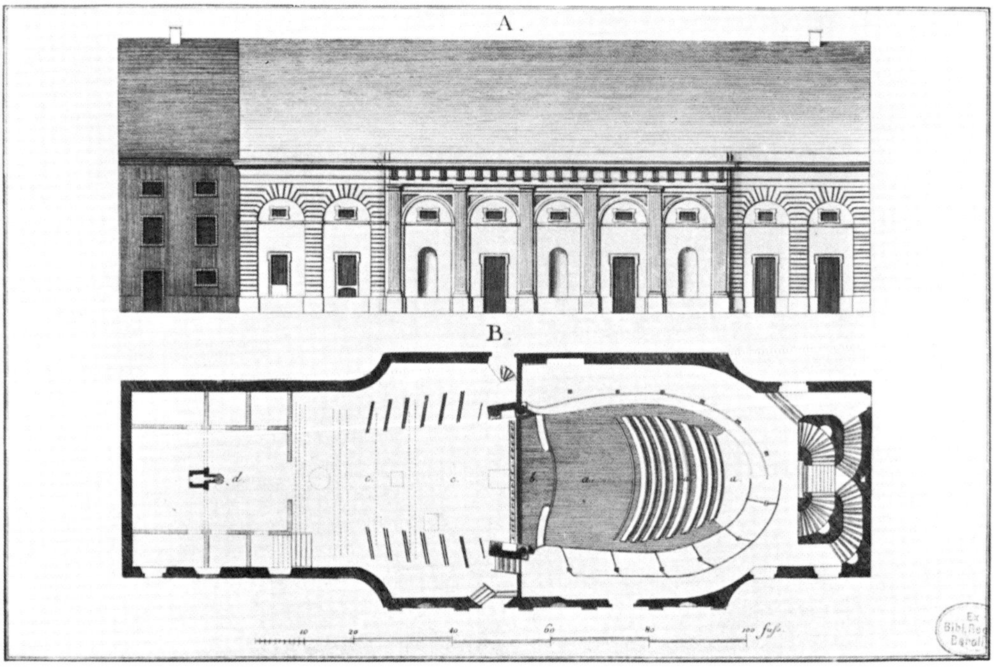

C. G. Langhans. Aufriß und Grundriß zum Schauspielhaus in Breslau. 1782

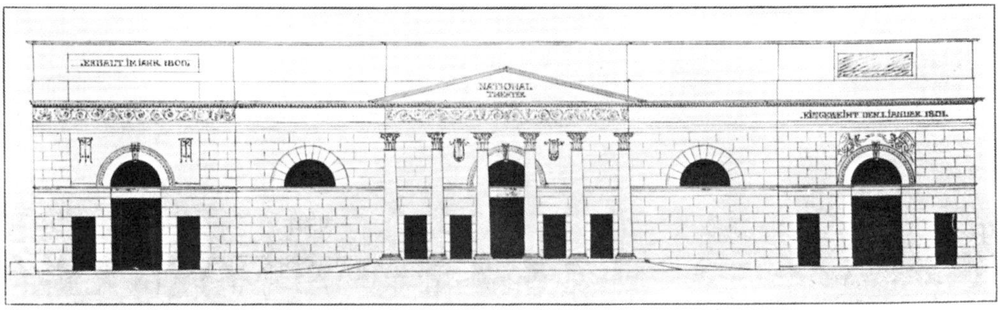

Friedrich Gilly. Zeichnung zur Fassade des Nationaltheaters in Berlin. 1800

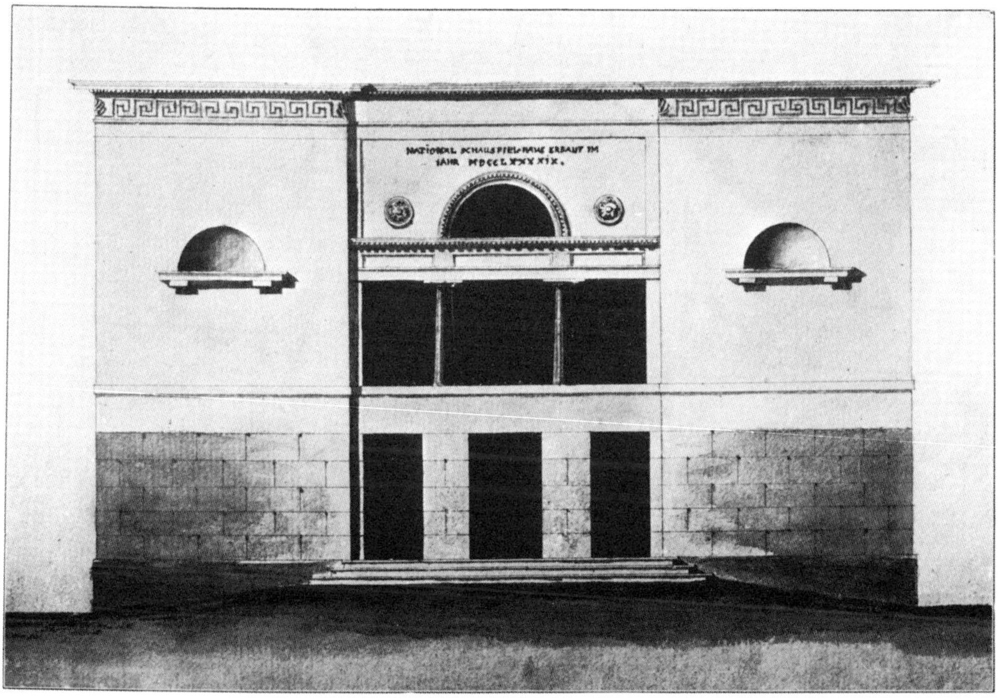

Aufrisse der Vorder- und Seitenfassade des Königsberger Theaters. 1799. Nach Fr. Gillys Plänen kopiert

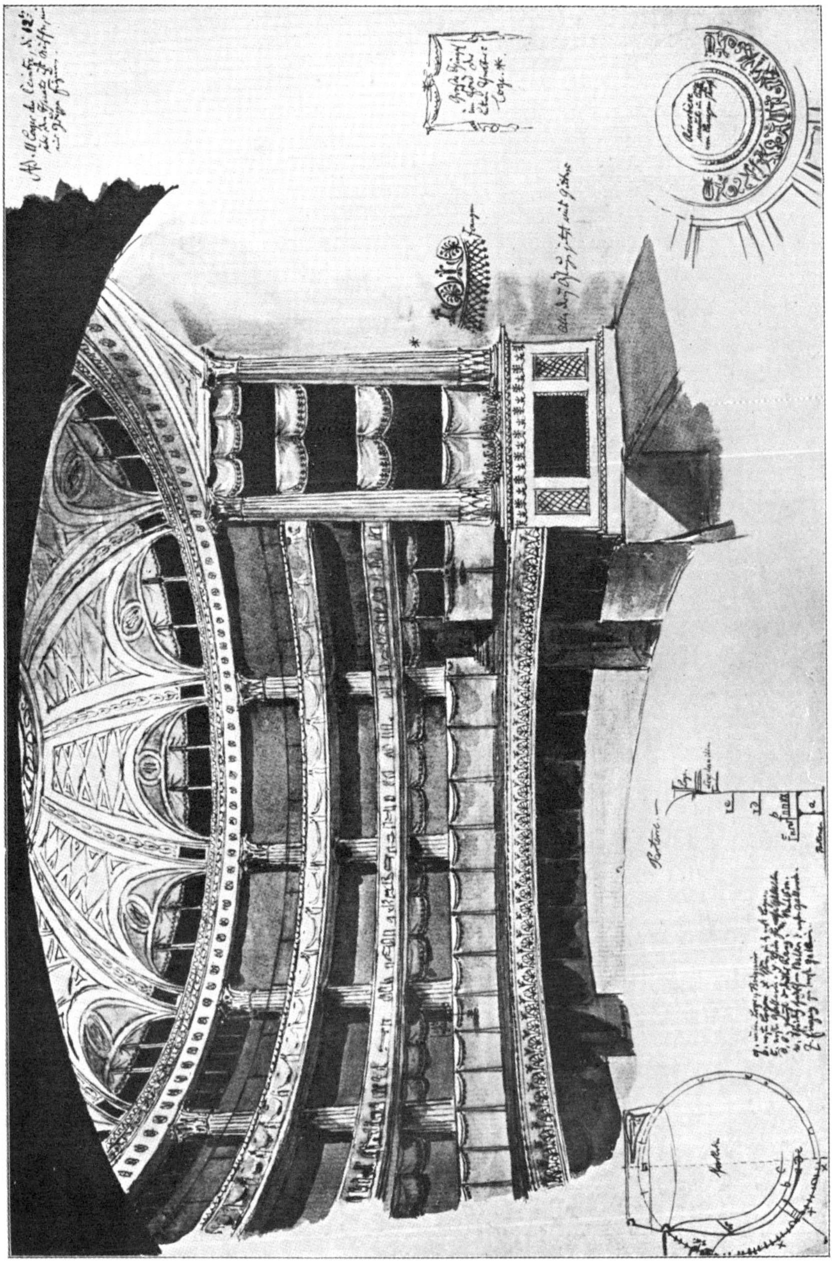

Skizze eines Pariser Theaters (Feydeau?). Von Friedrich Gilly 1797

Zuschauerraum zum Nationaltheater. Entwurf von Friedrich Gilly 1880

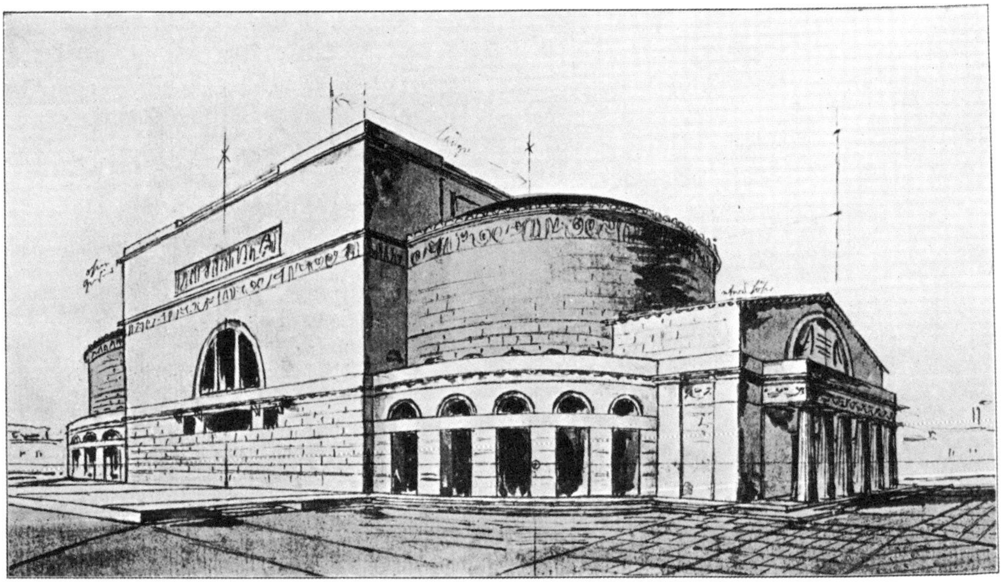

Friedrich Gilly. Zeichnungen zum Nationaltheater auf dem Gensdarmenmarkt. 1800

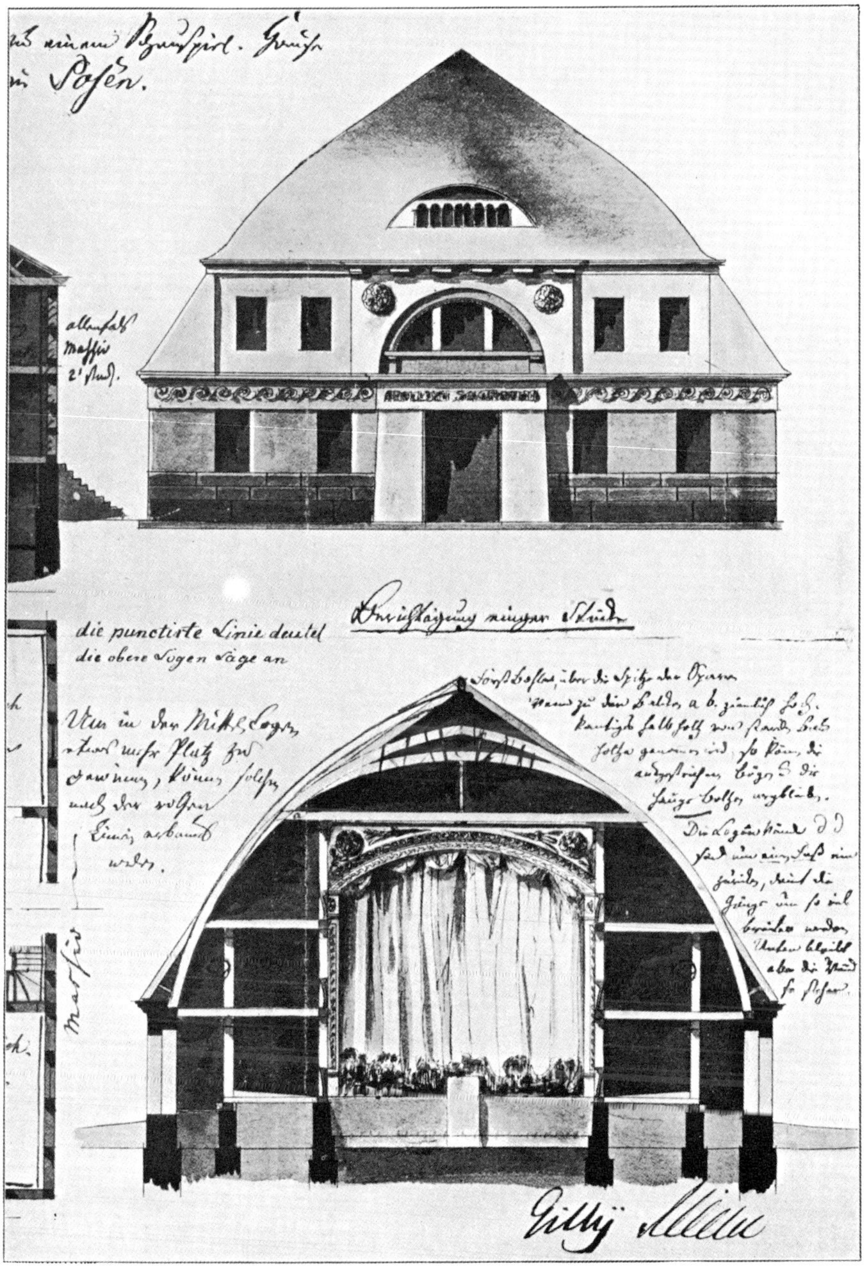

Friedrich Gilly. Zeichnungen zum Schauspielhaus in Posen. Um 1800

Aufnahme und Situationsplan des Schlosses Bagatelle bei Paris. Von Friedrich Gilly 1798 gezeichnet

Ansicht und Grundriß des Mölterschen Landhauses am Tiergarten. Von Fr. Gilly 1800. Stich

Grottensaal im Schloß Buckow. C. F. Schinkel um 1803

Wirtschaftsgebäude in Neu-Hardenberg. Giebel- und Seitenfront. C. F. Schinkel 1801

1

2

1) Ehemaliges Steinmeyersches Haus in der Friedrichstraße. 1803. 2) Mittelbau des Schlosses Buckow. Um 1803
C. F. Schinkel

1

2

Heinrich Gentz. 1) Verbindungsbogen zwischen dem Prinzessinnen- und dem Kronprinzen-Palais, Berlin. 1811/12
2) Das Reithaus an der Ilm in Weimar. 1804

Die neue Münze am Werderschen Markt. H. Gentz 1798–1800. Gleichzeitiger Stich

Die Münze ohne den Gillyschen Fries. Aufnahme vor dem Abbruch

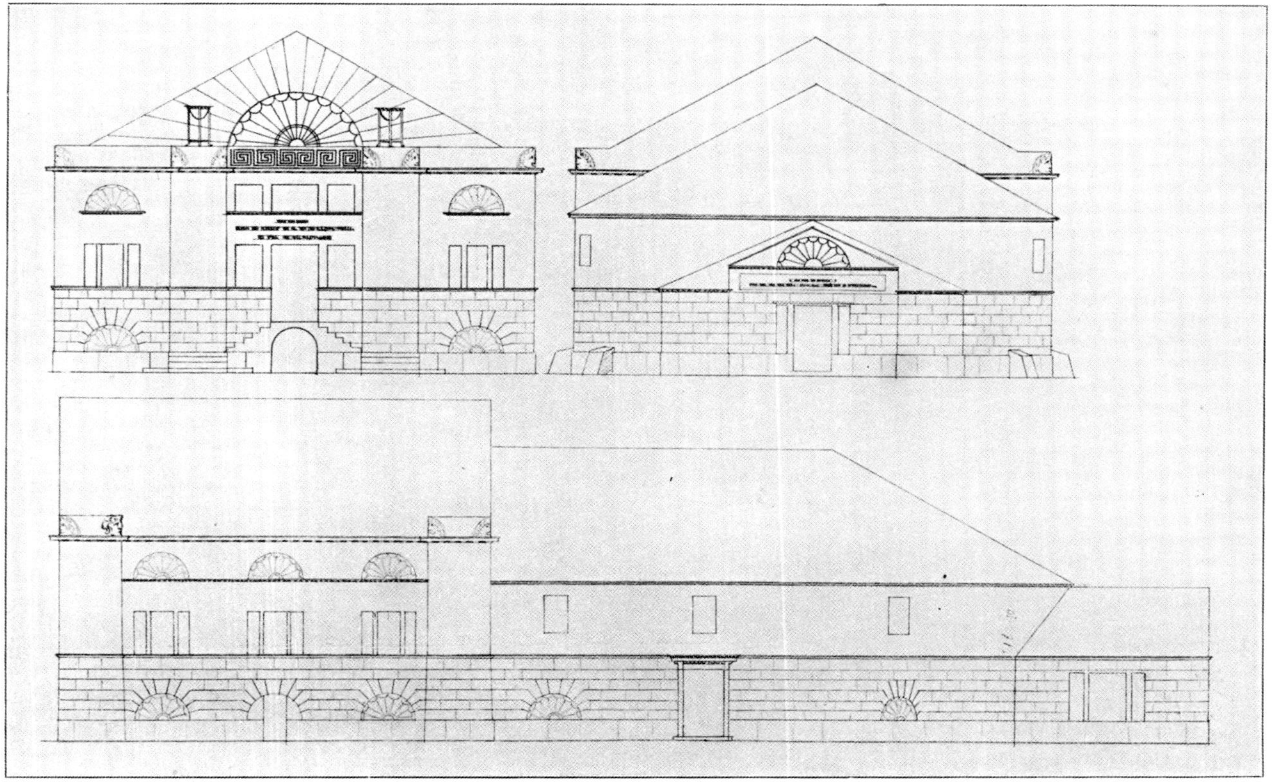

Heinrich Gentz. Zeichnungen zum Theater in Lauchstädt bei Weimar. 1802–04

Heinrich Gentz. Entwurf zum Denkmal Friedrichs d. Gr. auf dem Opernhausplatz. 1797

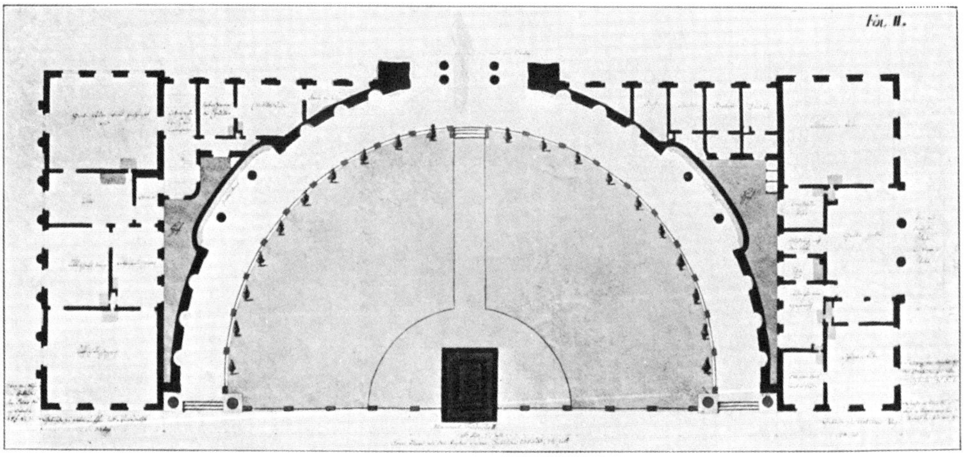

Heinrich Gentz. Artilleriewache und Grundriß aus dem Entwurf für das Denkmal Friedrichs d. Gr. 1806

Heinrich Gentz. Zeichnungen zum Reithaus in Weimar. 1803–04

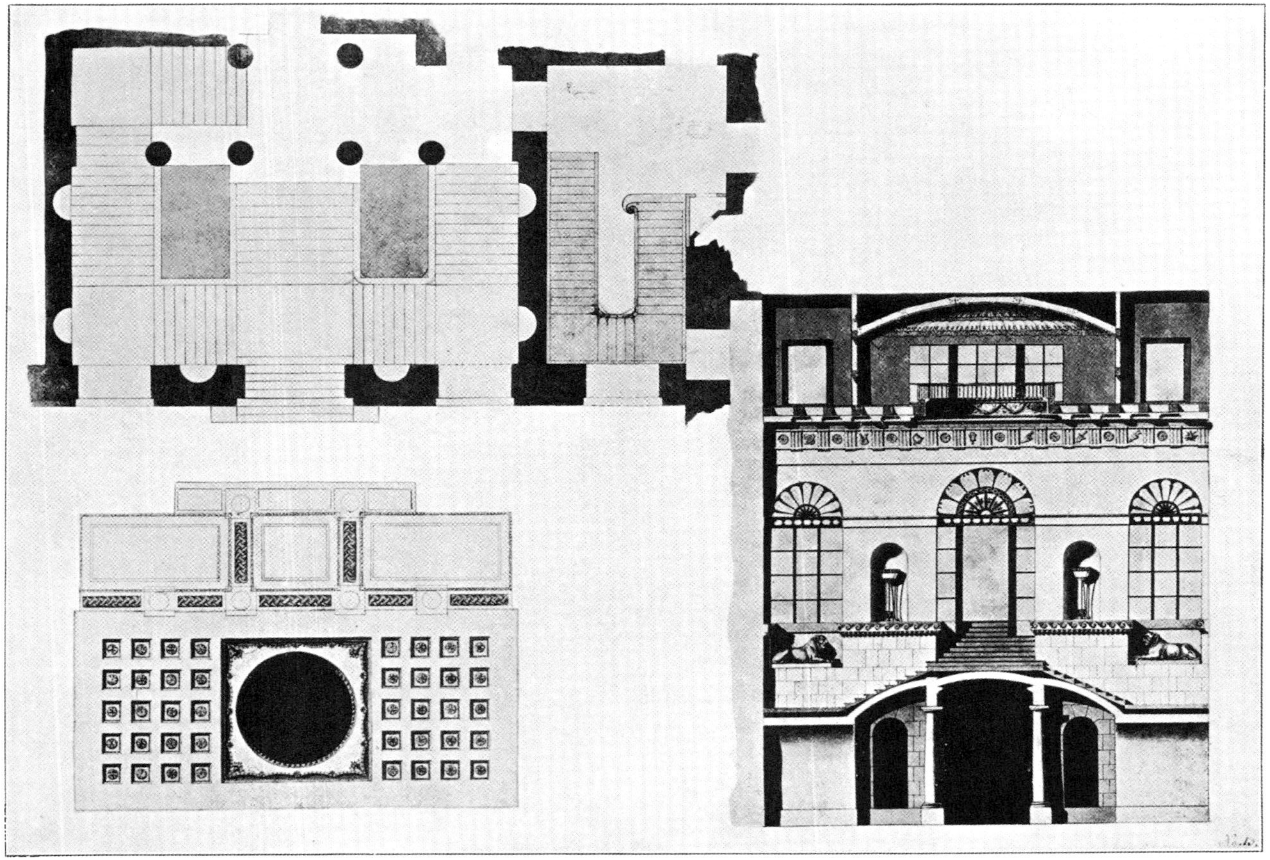

Heinrich Gentz. Risse für das Treppenhaus im Schloß zu Weimar. Um 1802. Grundriß in Höhe des Podestes Querschnitt mit Fensterwand, Kassettendecke

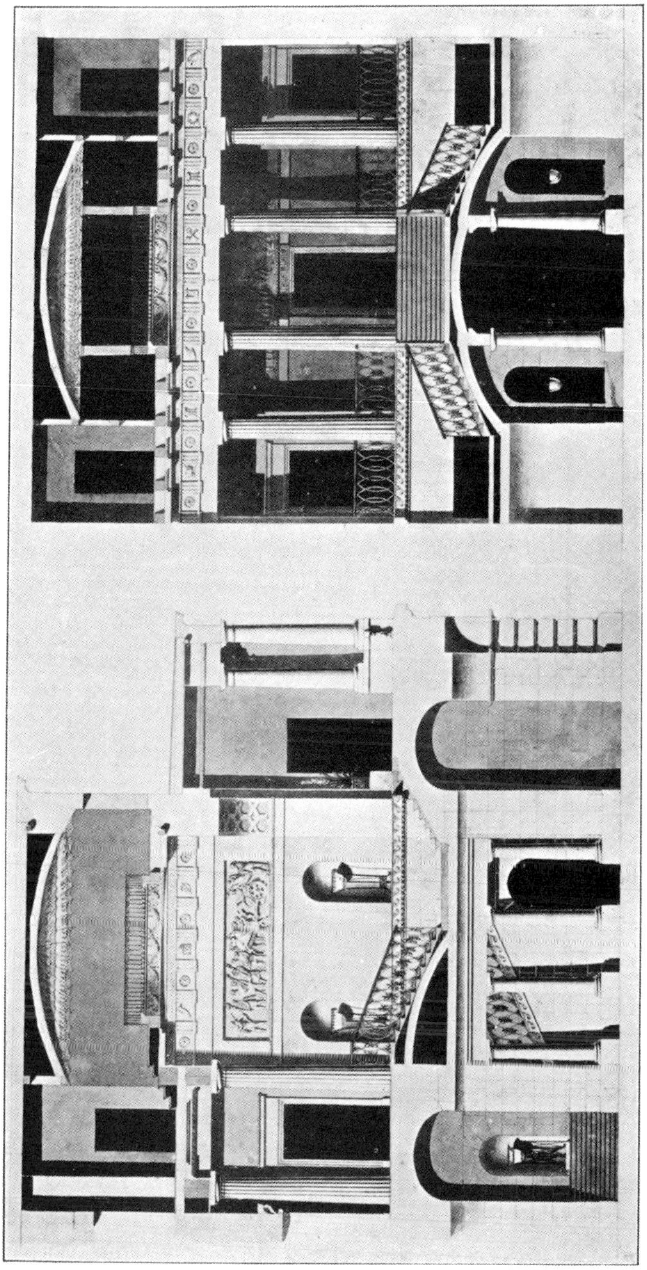

Heinrich Gentz. Längsschnitt und Querschnitt des Treppenhauses im Schloß zu Weimar. Um 1802

Treppenhaus im Schloß zu Weimar. Heinrich Gentz 1802–04

Treppenhaus im Schloß zu Weimar. Heinrich Gentz um 1802–04

Großer Festsaal im Schloß zu Weimar. Heinrich Gentz 1802–04

Detail aus dem Festsaal im Schloß zu Weimar. Heinrich Gentz 1802–04

Großer Festsaal im Schloß zu Weimar. Heinrich Gentz 1802–04

Saal im Schloß zu Weimar und Zeichnung dazu. Von Thouret 1798

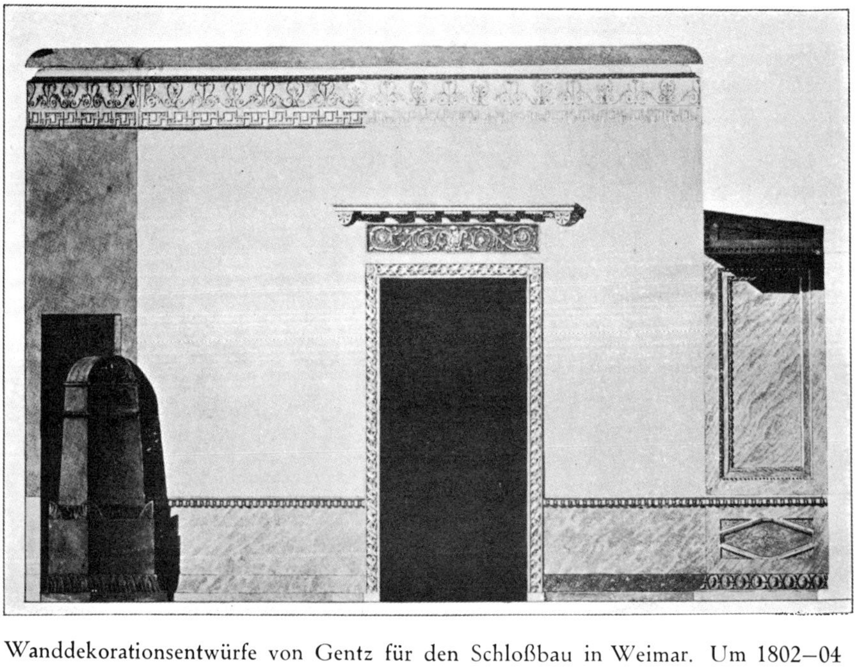

Wanddekorationsentwürfe von Gentz für den Schloßbau in Weimar. Um 1802–04

3. Wanddekoration für das Schloß in Weimar. Von H. Gentz um 1802

Saalentwurf für das Schloß in Weimar. Von H. Gentz um 1802

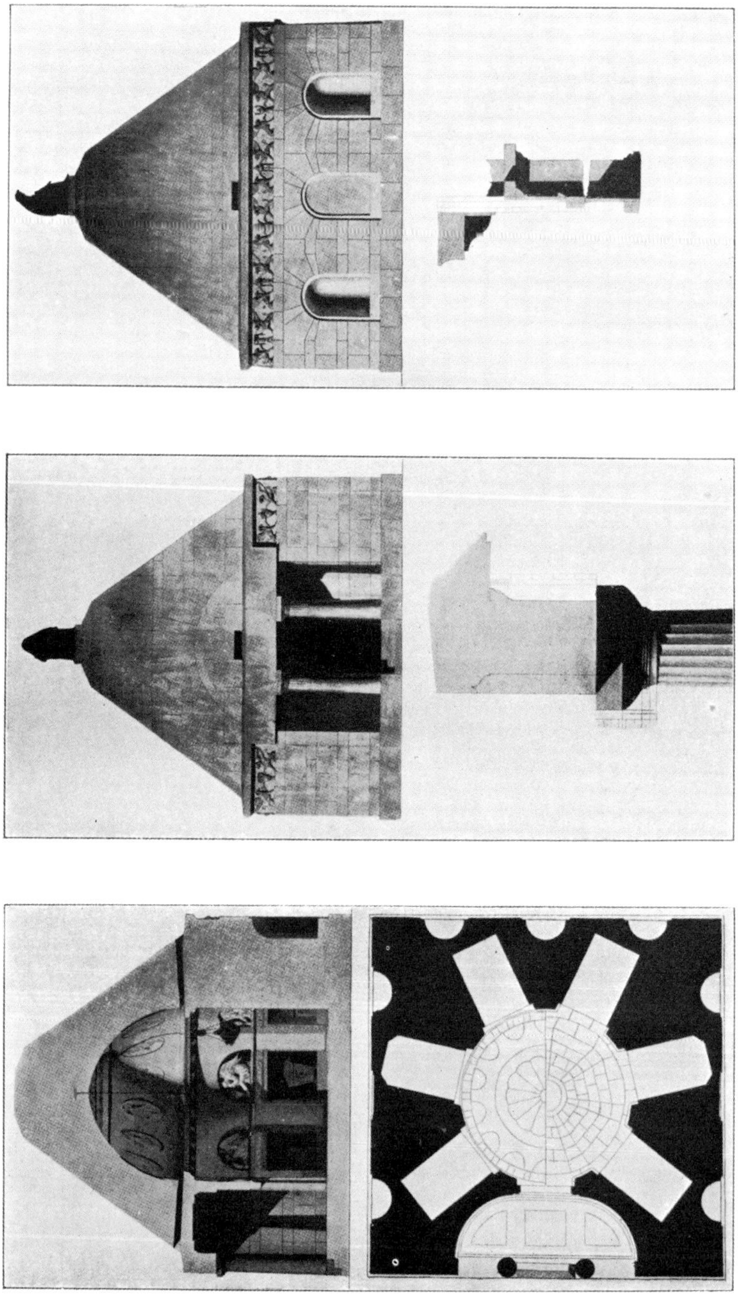

Hans Christian Genelli. Zeichnungen zu einem Erbbegräbnis. 1794

Runder Saal im Schloß Ziebingen. Von Hans Christian Genelli um 1800

Säulen- und Gesimsdetail aus dem Saal in Ziebingen. H. Chr. Genelli um 1800

Flügel des Schlosses Ziebingen bei Frankfurt a. O. Von H. Chr. Genelli um 1800

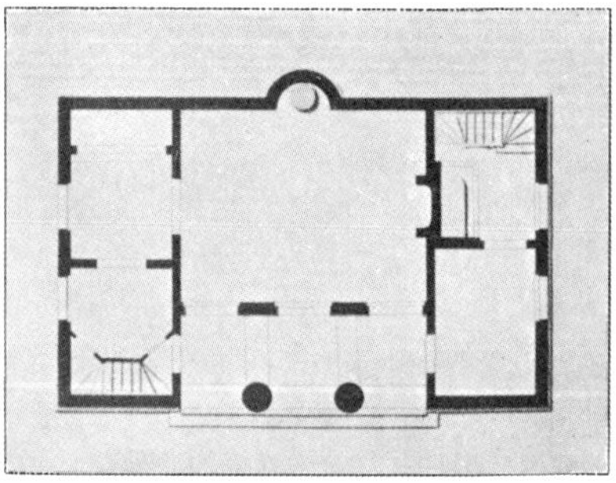

Hollandsche Villa in Braunschweig und Zeichnungen. Von Pet. Jos. Krahe

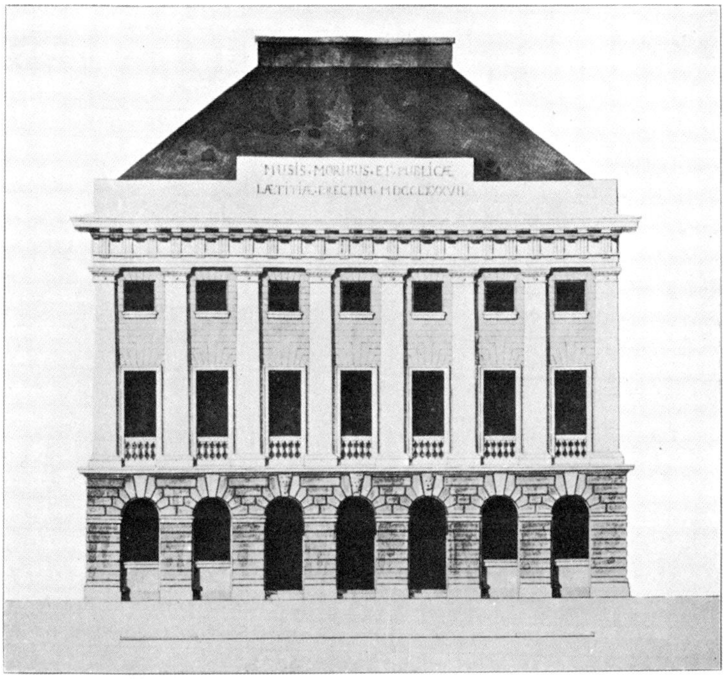

Pet. Jos. Krahe. Fassade des Theaters in Koblenz. 1787

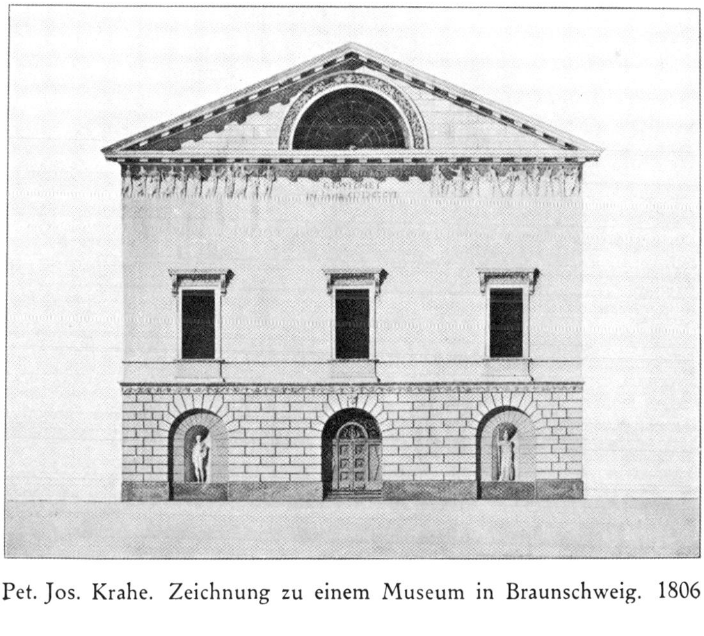

Pet. Jos. Krahe. Zeichnung zu einem Museum in Braunschweig. 1806

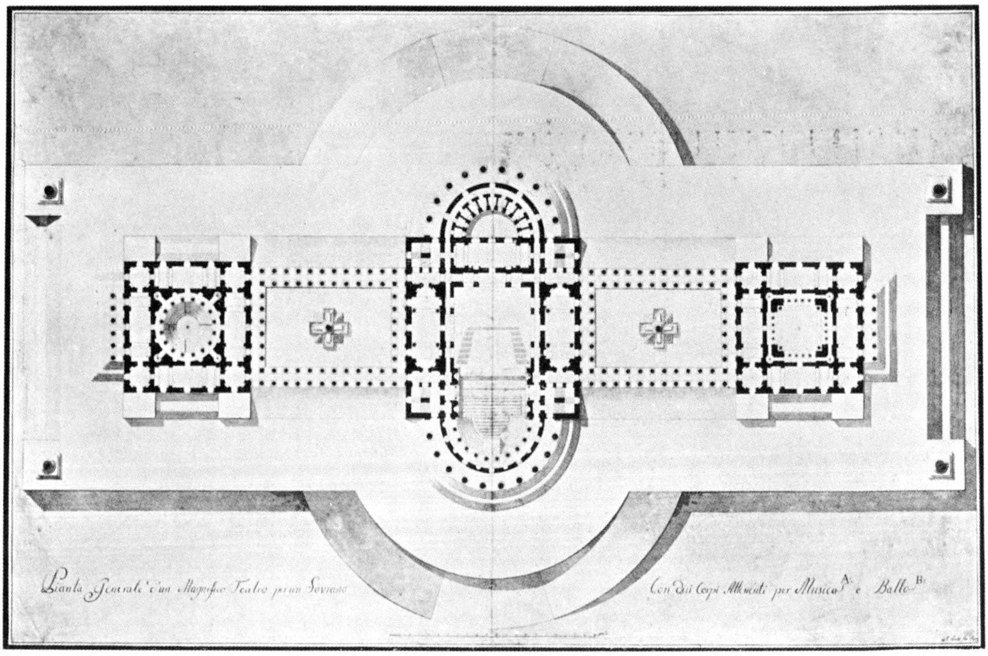

Pet. Jos. Krahe. Entwurf zu einem Theater mit Musik- und Ballsälen. Rom 1785

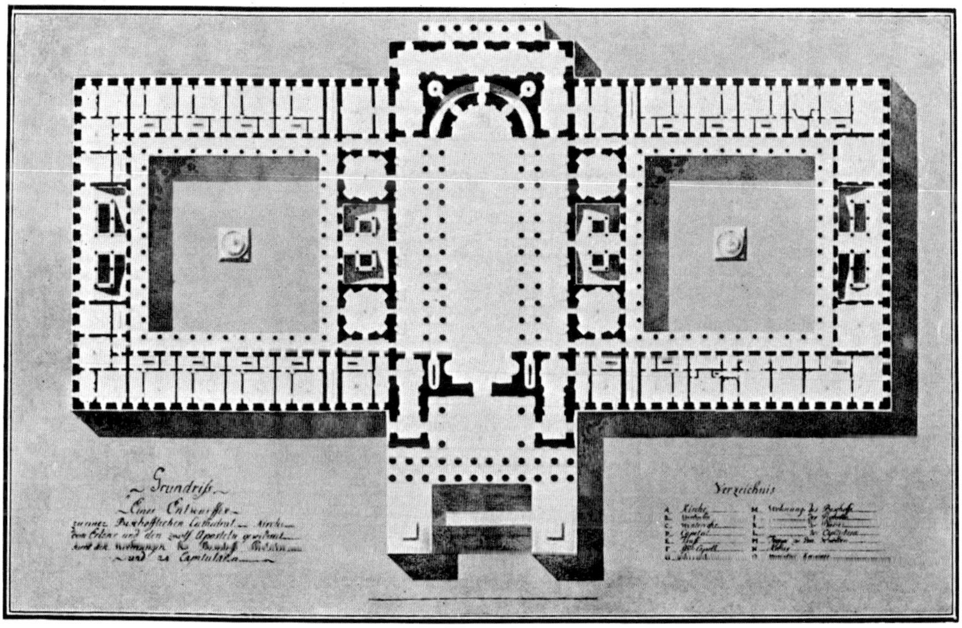

Pet. Jos. Krahe. Entwurf für eine Kathedralkirche in Verbindung mit dem Kapitelsgebäude. 1785

Phot. Königl. Meßbildanstalt, Berlin

Haus in der neuen Friedrichstraße (1912 abgerissen). Um 1790

Haus Behrenstraße 66, jetzt Militärkabinett. Friedr. Wilh. Titel 1793

Haus Wilhelmstraße 76. Erbaut 1804

Haus Wilhelmstraße 76. Erbaut 1804

Detail vom Hause Dorotheenstraße 5. Erbaut 1802–05 für den Chirurgus Görcke.

Detail vom Hause Dorotheenstraße 5. Erbaut 1802–05 für den Chirurgus Görcke.

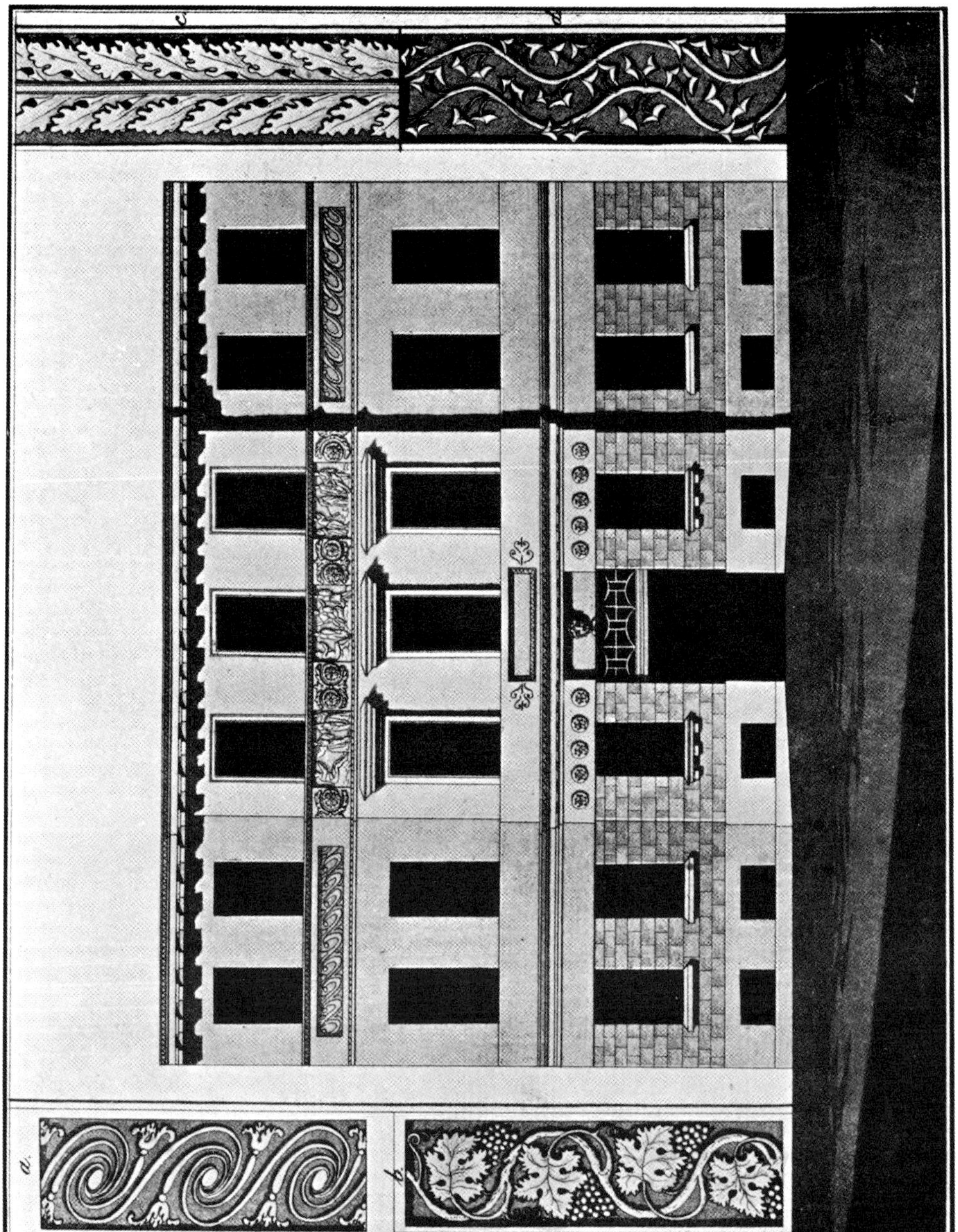

Aufriß des ehemaligen Hauses Behrenstraße 23. Erbaut um 1805

Ehemaliges Haus Friedrichstraße 63. Erbaut um 1804

Ehemaliges Haus Brüderstraße 40. Erbaut von Simon um 1805

Ehemaliges Predigerwitwenhaus Friedrichstraße 213. Erbaut um 1810

Fassadenentwurf von Riedel d. Ä. Berlin 1797

Sommerhaus. Entwurf von Jackisch. Berlin 1797

Gartenhaus. Entwurf von C. F. Langhans d. J. Berlin 1797

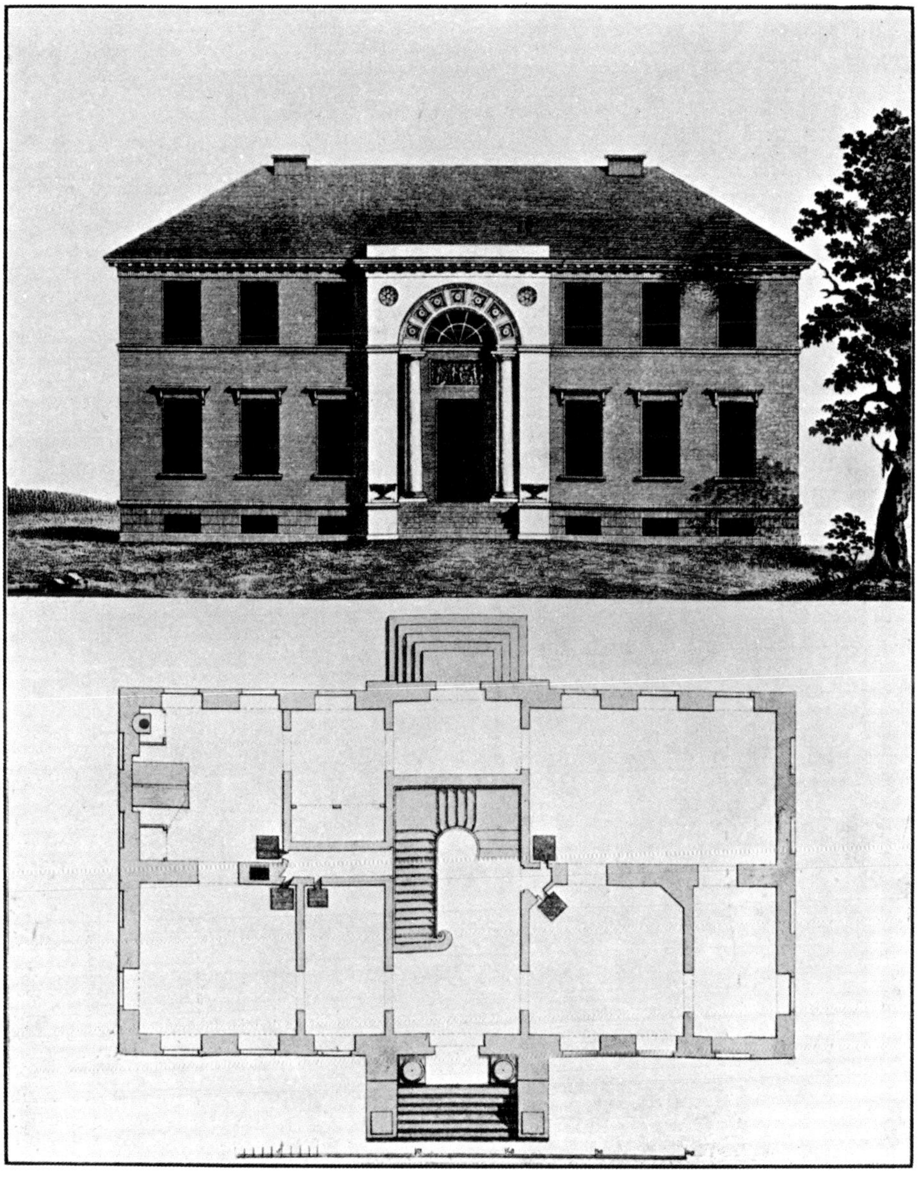

Landhaus. Entwurf von Jackisch. Berlin 1797

Gartengebäude. Entwurf von C. F. Langhans d. J. Berlin 1796

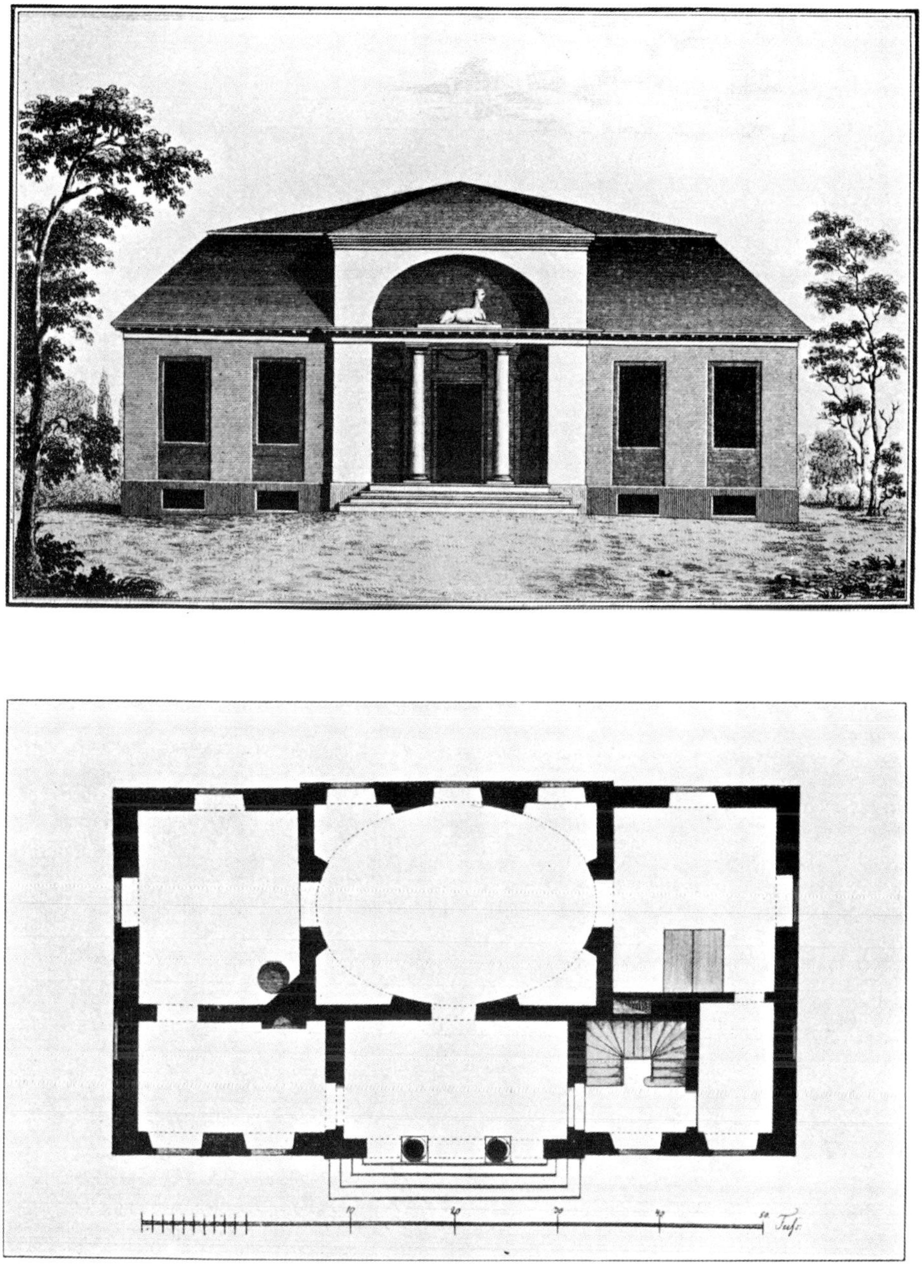

Gartengebäude. Entwurf von C. F. Langhans d. J. Berlin 1797

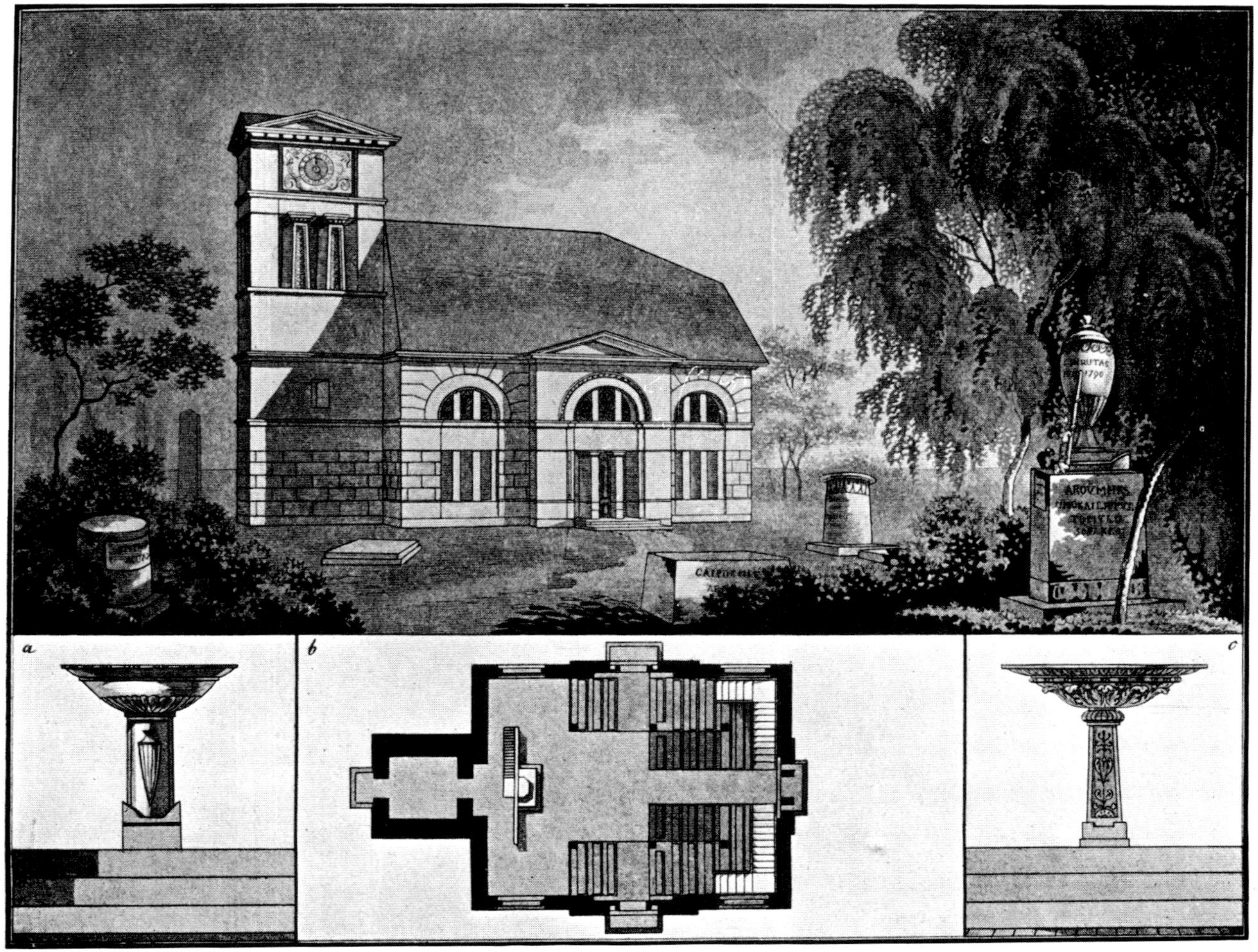

H. C. Riedel d. J. Berlin 1805. Entwurf zu einer Dorfkirche

H. C. Riedel d. J. Berlin 1805. Entwurf zu einem Landhaus für den Sommeraufenthalt

H. C. Riedel d. J. Berlin 1807. Entwürfe zu Gartenhäusern

Chausseehäuser und Meilensteine an den um 1800–1806 begonnenen Chausseen vor Berlin

Chausseehaus an der Straße von Berlin nach Freienwalde. 1803

Arbeiterwohnhaus in Eberswalde Kupferhammer. Anfang des 19. Jahrhunderts

Hammerwerk in Eberswalde Kupferhammer. Anfang des 19. Jahrhunderts

Ehemalige Königl. Eisengießerei in Berlin vor dem Neuen Tor. Erbaut von Eiselen 1804–05

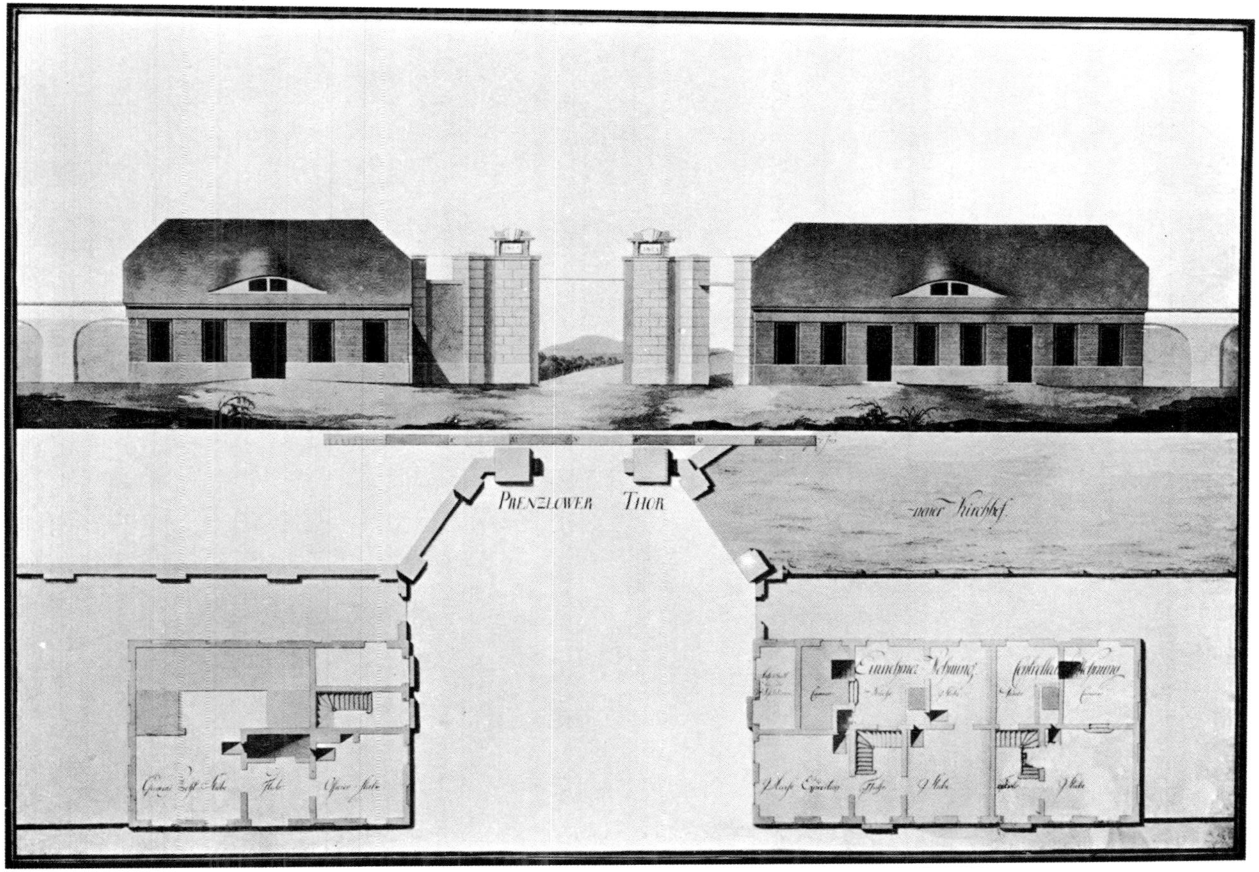

Aufriß und Grundriß zum Prenzlauer Tor. Zeichnung von Meinecke 1801

Hetrurisches Kabinett im Potsdamer Stadtschloß. Von Ludwig Catel 1804

Marmorpalais, Parolekammer. C. G. Langhans 1790

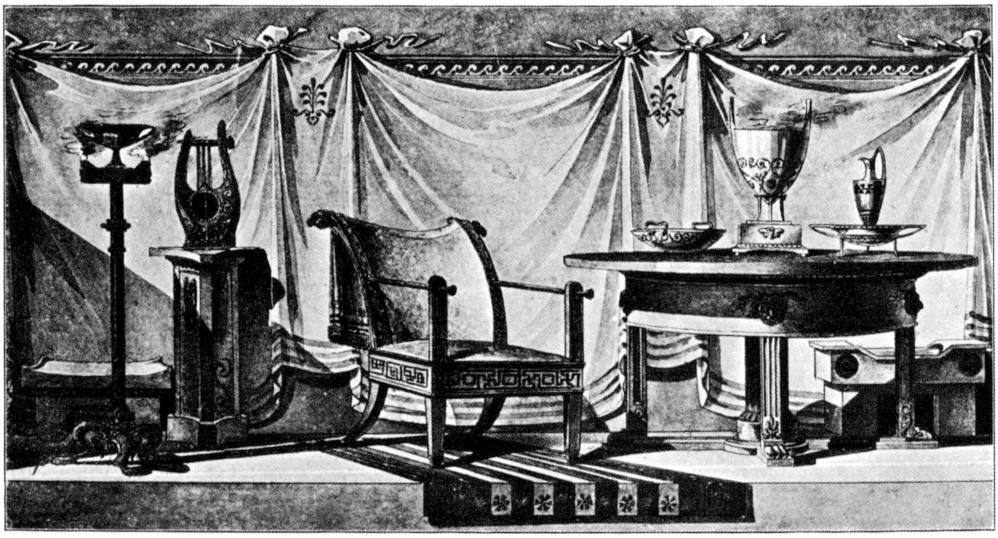

Entwürfe für Dekorationen. Von Friedr. Gilly um 1800. Aquarellierte Federzeichnungen

Wand- und Plafonddekoration in Malerei im ehemaligen Accise-Departementsgebäude in Berlin
Von Ringsleben. Um 1810

Bemalte Tonöfen aus der Fabrik von Höhler & Feilner. Nach Zeichnung Schinkels 1806

Glasierte Tonöfen aus der Fabrik von Höhler & Feilner
Straßenlaternen aus Gußeisen. Kgl. Eisengießerei Berlin. Um 1805–10

Schloß Charlottenburg. Wohnung Friedrich Wilhelms II. Römischer Marmorkamin. Um 1790

Schloß Charlottenburg. Römischer Marmorkamin mit Bronzeappliken. Um 1790

Schloß Charlottenburg. Wohnung Friedrich Wilhelms II.
Schreibsekretär von David Roentgen. Um 1795

Schloß Charlottenburg. Wohnung Friedrich Wilhelms II.
Wiener Sekretär in Mahagoni mit Bronzeappliken

Schloß Paretz. Schrankkommode. Berliner Arbeit um 1797

Schloß Paretz. Kommode.

Schloß Freienwalde. Kleine Tische, links Nähtisch der Königin Luise mit Strohmosaik. Um 1800

Schloß Freienwalde. Möbelgarnitur. Berliner Arbeit Ende 18. Jahrhunderts

Schloß Freienwalde. Stühle. Berliner Arbeit, oben um 1800, unten um 1795

Schloß Paretz. Stühle. Berliner Arbeit um 1797

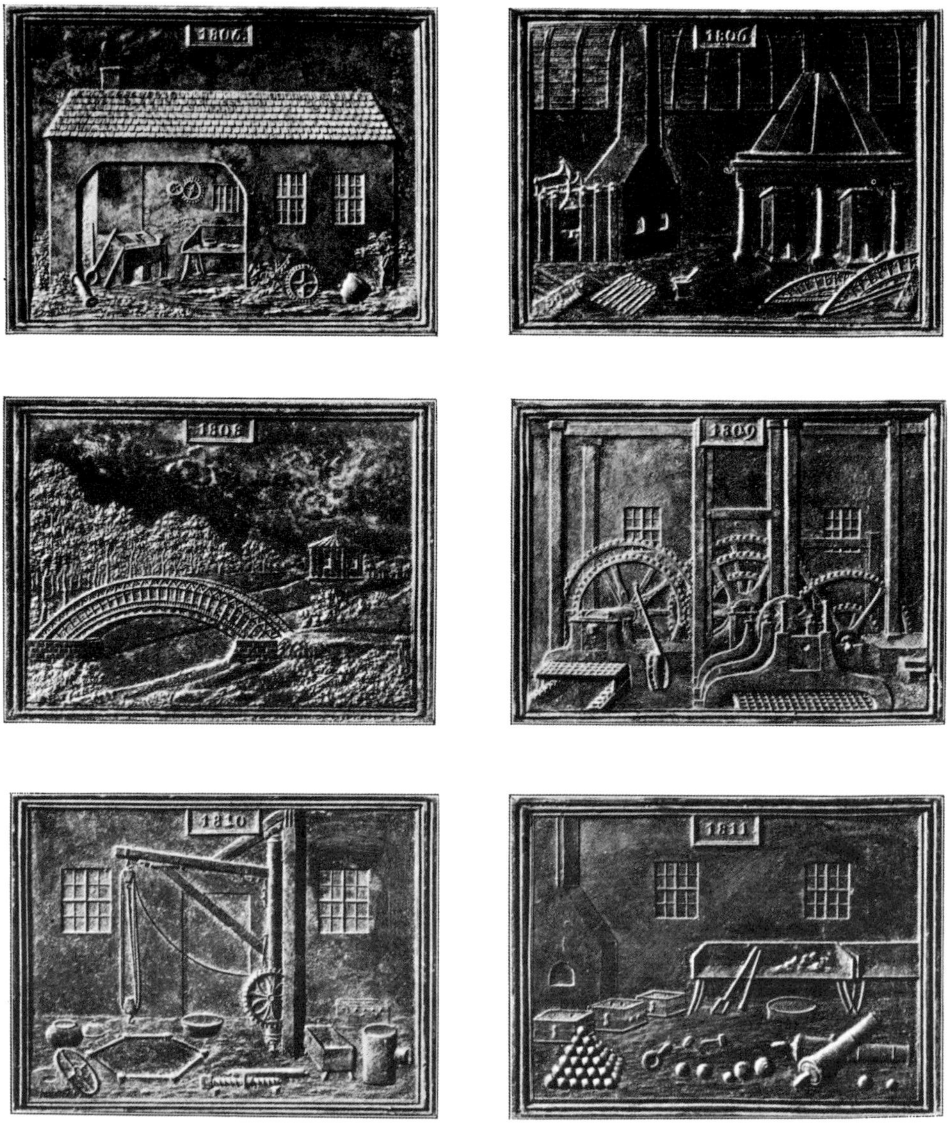

Neujahrsplaketten in Gußeisen aus der 1804/05 errichteten Kgl. Eisengießerei 1805–11 mit Abbildungen der Werkstätten und einer Brücke im Tiergarten (1808)

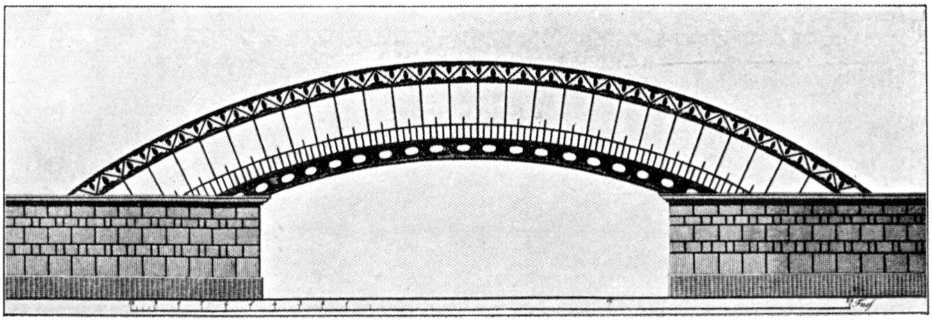

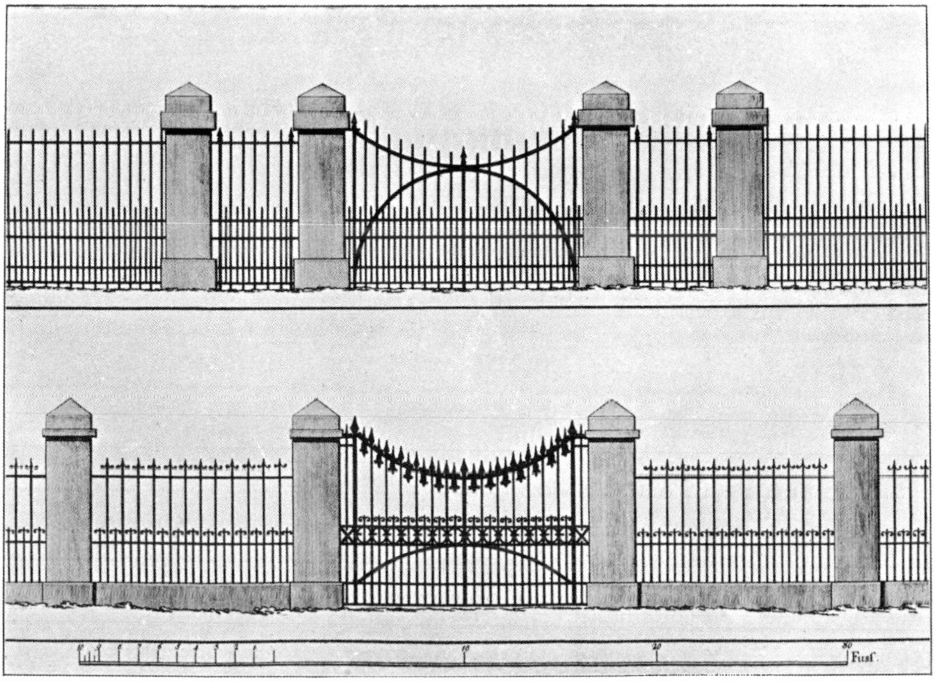

Arbeiten der Berliner Kgl. Eisengießerei. Um 1804. Brücke und Gartentore

Arbeiten der Berliner Kgl. Eisengießerei. Um 1804
Balkongitter, Brücke im Park zu Paretz nach Gilly d. Ä., Gartentor

Die eiserne oder Mehlhausbrücke über den Kupfergraben Schlesischer Eisenguß 1798

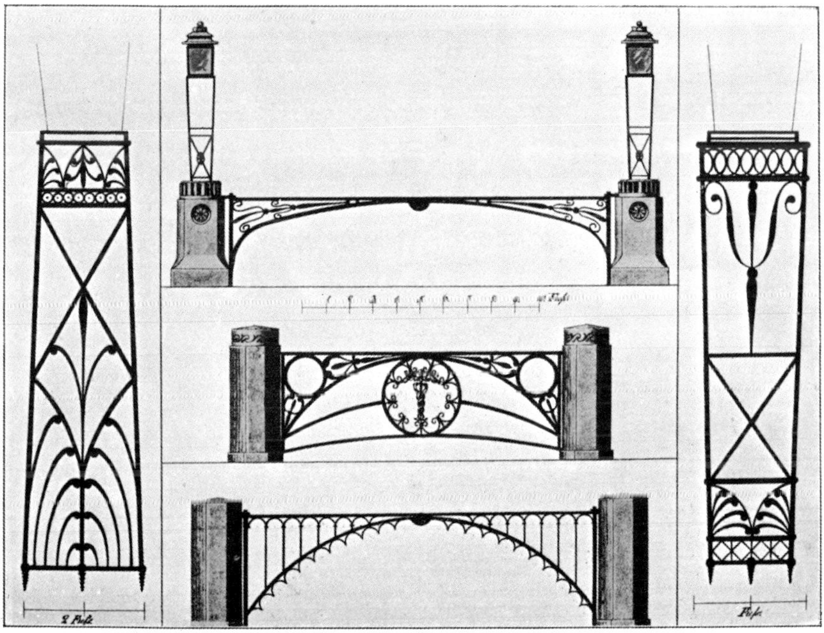

Eisengegossene Rampen an der ehemaligen Kgl. Bibliothek und ehemals am Lustgarten
Laternenständer. Schlesischer Eisenguß um 1800

Eingegossene Brücken im Schloßpark zu Charlottenburg. 1803 und 1800

Beschreibung der Abbildungen

Seite

4 (Titelbild) Friedrich Gilly, Marmorbüste von Gottfried Schadow 1802. Akademie der bildenden Künste, Berlin, Pariser Platz. Ausgestellt 1802 in der Akademieausstellung; zum Andenken Gillys von seinen Schülern auf einer mit Inschrift versehenen Konsole im Lehrzimmer der Bauakademie aufgestellt. Haller lieferte für die genannte Ausstellung unter Nr. 272 architektonische Zeichnungen zu einem Denkmal auf Gilly. Schadow mußte die Büste nach seiner eigenen Angabe »sozusagen ganz aus dem Gedächtnis machen«. Die verlorene Inschrift scheint der schwedische Gesandte und Dichter Brinckmann auf den Vorschlag von Gillys Schwager, Friedrich Gentz, verfaßt zu haben. Schreiben des letzteren an Brinckmann vom 23. Februar 1802: »eine Sache, die mich und alle, die den Gegenstand, den sie verewigen sollen, liebten, außerordentlich beglücken würde. Es ist die Inschrift auf die Büste des verstorbenen Gilly....« Vgl. Friedr. Carl Wittichen, Briefe von und an Friedr. von Gentz. 2. Bd. 1910, p. 89.

12 Friedrich Schmidt, Buchvignette: Friedrich der Große, Stadt- und Festungspläne besichtigend. Kupferstich um 1750. Königl. Kupferstichkabinett.

13 Opernhausplatz nach dem Stich von Fünk 1743. Kupferstichkabinett. Der Platz vor dem Baubeginn des Palais des Prinzen Heinrich (Universität) und der Hedwigskirche.

15 Fr. Gilly, Skizze zum Münzfries von Schadow. Detail. Nationalgalerie. Schmelzen, Schmieden und Strecken der Metalle. Das Blatt befand sich bis in die 60er Jahre im Königl. Kupferstichkabinett, ging damals verloren und wurde vor vier Jahren von der Nationalgalerie erworben. Den ausgeführten Fries siehe S. 318.

16 Opernhaus und Hedwigskirche 1747. Kupferstich von Legeay. Kupferstichkabinett. Legeays (1730—1770) Kupferwerk »L'église catholique à Berlin« zeigt die Schulung an den Arbeiten der Prospektenstecher in Rom um Lucatelli, Pannini, Piranesi; stärker die phantastische Stichfolge: Collections de divers sujets (Bibl. des Kunstgewerbemuseums).

17 Knobelsdorf, Opernhaus, Rückseite. Kupferstich von Fünck 1743. — Knobelsdorf, Apollosaal des Opernhauses 1743. Die Grundsteinlegung erfolgte 31. Sept. 1741, die Weihe mit der Oper Cleopatra von Graun 7. Dezember 1742. Auf der Vorderseite die Bildsäulen Apollos, Melpomenes und Thalias auf dem Giebel, das Giebelrelief: Opfer des Apollo von Nahl; in den Blenden Statuen des Sophokles, Aristophanes, Menander, Euripides, darüber Reliefs: Geschichte Apollos.

18 Knobelsdorf, Treppenhaus im Rheinsberger Schloß 1739. Im rechten für Friedrich d. Gr. eingerichteten Seitenflügel. Das Portal des Schloßparks S. 75.

19 Knobelsdorf, Kolonnade in Sanssouci 1745. Auf der Rückseite des Schlosses. Den Mittelbau der Vorderseite siehe S. 77.

20 Hedwigskirche, Aufriß und Querschnitt. Kupferstich von Legeay 1747. Der Bau wurde 1747 begonnen, 1755 wegen Geldmangels — da die Kollekten versagten — unterbrochen. 1771 neuer Baubeginn, Weihe durch den Bischof von Ermeland 1. Nov. 1773. Friedrich schenkte den Bauplatz, bestimmte den Grundplan: nach Art der Rotunde in Rom mit 24 korinthischen Säulen im Inneren, und gab die letzten Baugelder; das Portal wurde vom Kardinal Quirini in Rom bezahlt. Vollender des Baues ist Boumann d. Ä. Die drei Statuen auf dem Giebel von El. Meyer d. Ä. — Bis 1773 hatten die Katholiken ihren Gottesdienst in einem Privathause Krausenstraße. Anläßlich der Eingabe der protestantischen Gemeinden gegen den Bau sagte Friedrich die bekannten Worte: Es sollen Türken und Heiden nach Berlin kommen, wir wollen ihnen Tempel und Moscheen bauen. Der ausgeführte Bau mit der modernen Kuppellaterne S. 82.

21 Feldmann, Aufriß zum alten Packhof, um 1750. Geh. Staatsarchiv. — Nebst den hier fehlenden Grundrissen mit der Inschrift: Dessin zur Erbauung eines neuen massiven Güther Hauses für die Schlesische Handlung auf dem neuen Packhoff zu Berlin. Façade der Fronte am Wasser gegen den Lustgarten. C. F. Feldmann. — Der Packhof lag am Lustgarten an der ehem. sogenannten Pomeranzenbrücke, die Kabinettsorder zum Neubau gab Friedrich d. Gr. im Jahre 1743 (Gädicke S. 438). Christian Friedr. Feldmann (1701 in Berlin geb, gest. 1765) baute das Schloß in Rheinsberg nach Kommeters Angabe, die Garnisonkirche in Berlin nach Gerlach, und vergrößerte die Friedrichsstadt nach denselben Plänen, 1746 Kriegs- und Domainenrat, kurmärk. Oberbaudirektor, erbaute u. a. mit Naumann 1756—58 das Arbeitshaus in der Königsvorstadt (Nicolai). Aufs engste hängt mit seinem Stil zusammen das nahe vor dem neuen Tor gelegene Invalidenhaus, das 1746 nach Zeichnungen Petris († 1776) erbaut wurde.

22 Kupferstich von Hoppenhaupt senior um 1750. Bibliothek des Kunstgewerbemuseums. Buchvignette nach Hoppenhaupt von J. W. Meil gestochen. Verzeichnis der sämtlichen Titelkupfer und Vignettenabdrücke von Joh. Wilh. Meil († 1805), Direktor der Königl. Preuß. Akademie der Künste zu Berlin gesammelt... von Ferd. Ludw. Hopffer, Berlin 1809, Nr. 37. Entstanden 1752.

Seite

23 Spiegelwand. Kupferstich von J. W. Meil. Bibliothek des Kunstgewerbemuseums. Hopfer. Nr. 84. Über Meil bereitet Herr Charles Foerster in Berlin eine umfangreiche Publikation vor.

24 Neues Palais bei Potsdam von Büring und Manger 1763—1770.

25 Die Kommuns beim Neuen Palais nach Legeay von Gontard 1765—1769.

26 Der Gensdarmenmarkt Ende des 18. Jahrhunderts. Ölgemälde im Märkischen Museum. Der Platz, genannt nach den Ställen und der Hauptwache des Regiments Gensdarmes (seit 1771) wurde seit 1773 von Friedrich d. Gr. mit Häusern umbaut. Die Pläne des Pariser Architekten Bourdet 1774, den Friedrich d. Gr. zum General-Inspektor der Wasserwerke machte, ohne daß er diesem Posten gewachsen war, beabsichtigten, eine einheitliche Gebäudegruppe in Verbindung mit einem Triumphbogen für Friedrich um den Platz zu ziehen; sie sind künstlerisch bedeutungslos (jetzt im Geh. Staatsarchiv; veröffentlicht von E. A. Brinckmann, Deutsche Bauzeitung 1910, Nr. 47). — Von 1777—85 ließ Friedrich 13 Häuser nach Ungers und 7 Häuser nach Gontards Plänen daran erbauen. Siehe über die beiden Kirchen S. 104.

27 Oranienburger Tor von Gontard 1788 (abgebrochen). C. v. Gontard (geb. in Mannheim 1731, gest. 1793) in Bayreuth unter Saint Pierre und Rud. Heinr. Richter ausgebildet, studierte um 1750—53 auf Kosten des Markgrafen in Paris unter Jacques François Blondel, dem Urheber der bekannten Verschönerungspläne von Metz und Straßburg, reiste 1754 im Gefolge des Markgrafen nach Italien (Rom), wurde 1756 Hofbauinspekor in Bayreuth, wo er sein eigenes Haus 1759 erbaute und wurde 1764, wie sein Schüler Unger, der Bildhauer Ränz und die Kabinettstischler Spindler und Gigold nach Berlin berufen, wo er die Aufsicht über den Bauhof erhielt. Seine ersten Bauten sind der Antiken- und Freundschaftstempel in Sanssouci und eine große Reihe Häuser an der Nauenschen Plantage in Potsdam 1765. Nachdem Friedrich sich mit Legeay und Büring überworfen, erhielt Gontard die Fortsetzung des Neuen Palais und den Bau der Kommuns. Aus der französisch-römischen klassizistischen Schule wie Legeay hervorgegangen, hat er dessen Stil fortgesetzt. Über ihn Biographie von P. Wallé.

28 Aufriß eines Königl. Immediatbaus in Berlin 1776. Kupferstichkabinett. Folge von 4 Blatt, siehe S. 93—95, mit dem Titel: Aufrisse unterschiedlicher Fassaden, von denen auf königl. Kosten in verschiedenen Gegenden der Residenzstadt Berlin neugebauten Bürgerhäusern 1776. M. Schülzke del. F. Berger sc. Die Hauptmasse der Immediathäuser wurde errichtet zuerst seit 1750 auf dem Hackeschen Markt (der geschleiften Kontreskarpe der Spandauer Vorstadt), dann seit 1768—77 vor allem von Unger an der Königstraße, der damals wichtigsten Straße des alten Berlin, die die Langebrücke mit der Königsbrücke (Alexanderplatz) verband; am Ende der Königsbrücke, Ecke Bernauer und Landsberger Straße, jetzt Alexanderplatz, sieben Häuser 1783—84 von Unger, davon das Haus mit den Schafsköpfen erhalten. Vor allem aber Unter den Linden: von 1771—76 ließ Friedrich durch Unger 44 meist vierstöckige Häuser bauen, darunter die um 1800 berühmten Gasthäuser zur Sonne und Stadt Rom, in dem Stil der auf S. 28 abgebildeten Fassade; einige sind, etwas umgebaut, noch erhalten (vgl. Nicolai).

29 Floratempel in Wörlitz. Aquatinta. Besitz Dr. Schmitz. — Gezeichnet von Wehle, geätzt von Haldenwang. Chalkographische Gesellschaft zu Dessau 1801. Die Gesellschaft, gegründet 1795 durch Frh. von Brabeck wurde auf Erdmannsdorffs Rat 1796 von dem Fürsten Franz übernommen und sollte in Verbindung mit einer Landeszeichenschule gebracht werden. Erdmannsdorffs Denkschrift darauf 1796 und »Entwurf einiger Gedanken« darüber Journal d. L. März 1797, vgl. Goethe in den Prophyläen. Sie gab auch mehrere Stichfolgen nach Erdmannsdorffs Aufnahmen in Aquatinta heraus: Architektonische Studien von Hn. Baron v. E. in Rom gezeichnet, 6 Bl., 4 Bl. des Marzellustheaters, 2 Bl. der Capella Chigi von Raffael, 1799 (sehr selten!); eine weitere Ausgabe durch das Landesindustriekomptoir in Weimar 1805 usw.

Erdmannsdorff, geb. 18. Mai 1736 in Dresden als Sohn des kursächs. Hofmarschalls, studierte 1754—57 in Wittenberg Mathematik, Geschichte und Philologie; die erste Reise nach Italien machte er 1761; eine zweite nach den Niederlanden und vor allem England mit dem Fürsten Franz 1763, wo er bereits die englischen Werke über Palmyra, Baalbeck und Athen kennen lernte und den Vitruv zu übersetzen begann. Entscheidend wurde die zweite Reise nach Rom 1765, wo er dem Clérisseau nahe trat. Seit 1782 war er mit Frl. von Ahlimb aus der Uckermark vermählt. 1791 und 92 Besuch der Höfe von Weimar, Gotha, Kassel, Karlsruhe. 1795 Auftrag des Erbprinzen von Mecklenburg-Schwerin für ein Landhaus (Ludwigslust oder Doberan?), den er ablehnte. Er stirbt 9. März 1800. Vgl. Aug. Rode, Leben des Herrn Friedr. W. von E., Dessau 1801, mit Portraitstich nach Tischbein von Roßmäsler.

Der Floratempel ist 1797—1800 erbaut.

30 Büste Friedrich Wilhelms II. Biskuit der Berliner Königl. Porzellanmanufaktur. Privatbesitz. Nach der Marmorbüste Schadows von 1793 wohl vom Modellmeister C. Fr. Riese.

Seite

31 C. G. Langhans, Zeichnung zu einer Zimmerwand im Marmorpalais 1790. Hohenzollernmuseum. Aquarellierte Federzeichnung; diese und eine Reihe anderer Entwürfe zu Dekorationen im Marmorpalais von Prof. Seidel im Hohenzollernjahrbuch abgebildet und besprochen.

Über Langhans ist die Biographie von Hinrichs zu vergleichen, die besonders seine schlesische Tätigkeit würdigt. — Sein erster Bau, das Hatzfeldsche Palais in Breslau, zeigt in dem ovalen, mit flacher, auf freistehenden Doppelsäulen ruhender Kuppel bedeckten Vestibül, mit flachen Gurten und Kappen in den Umgängen den Anschluß an die Breslauer Barockkunst, die ein Ableger der Wiener und Prager Schule Fischer von Erlachs ist (Jesuitenkollegium jetzt Universität). — Hier, um 1789, stand Langhans, wie es scheint, in Beziehung zu Ernmannsdorff, wofür einige von ihm herrührende Kaminzeichnungen in Erdmannsdorffs Nachlaß in Dessau sprechen.

32 C. G. Langhans, Querschnitt und Grundriß der Vieharzneischule 1789. Kupferstich aus David Gillys Werk über die Bohlendächer. Langhans vermittelte dem Gilly den Plan der Halle aux blés von Camus de Mézières, er deckte auch sein eigenes Haus mit einem Bohlendach. Der Fürst von Dessau brachte ein Modell dazu aus Paris mit. Das Modell der 1787—89 erbauten Vieharzneischule war 1789 auf der Kunstausstellung: »Modell einer Kuppel für ein Theatrum anatomicum ohne Sparren und Balkenbinder aus bloßen Rüstbogen« (42 Fuß). Gilly glaubte, daß durch diese Konstruktion »wirklich eine eigene Epoche in die Geschichte der vaterländischen Baukunst gebracht würde«. Die Tierarzneischule siehe S. 158.

33 C. G. Langhans, Querschnitt zu einem Mausoleum 1784. Farbiger Kupferstich. Bibl. der Akademie.

34 David Gilly, Kupferstich nach W. Chodowiecki 1796. Märkisches Museum. Gezeichnet von W. Chodowiecki, gestochen von S. Halle, Berlin 1796.

David Gilly wurde geboren 7. Januar 1748 in Schwedt an der Oder als Sohn des Kaufmanns Jacques Gilly und der Marie Villemain von Angermünde. Sein Vater wie seine Mutter gehörten der französischen Kolonie an. Jacques G. war als Sohn des 1645 geborenen Kaufmanns Nephtalie Gilly († 1705) in Couisson (Languedoc) geboren, woher beide 1689 nach Französisch Buchholtz einwanderten; Jacques Mutter war Cathérine Bussière aus Nîmes in der Provence († 1701). Weitere Nachrichten über die Familie, auch die anderen in Berlin und in der Mark Brandenburg angesessenen Linien, übermittelte die Bibliothèque Wallone in Leyden. Die große Bautätigkeit in Schwedt unter dem Markgrafen Friedr. Wilh. (1734—1771), Schloß, Exerzierhaus 1735, Freiheit 1742, regte den Knaben wohl an; die dort tätigen Meister Böhme und Dietrichs sind Vertreter der strengeren Blondelrichtung, die in Gillys Frühwerken zutage tritt. Über die Jugend und die weitere Tätigkeit vgl. Wilh. Kohlhoff: Denkmal der Liebe und Verehrung. Ihrem verewigten Lehrer Herrn David Gilly, kgl. preuß. Oberbaurat, Direktor der Kgl. Bauakademie, der Akademie der Künste und deren Senats zu Berlin, der mathem.-physikal. Gesellschaft zu Erfurt, der ostpreußisch-physikalisch-ökonomischen Gesellschaft, der märkischen ökonomischen Gesellschaft zu Potsdam und der Gesellschaft der Wissenschaften und Künste zu Frankfurt a. d. Oder Mitgliede, sowie der mecklenburg. Landwirtschaftl. Gesellschaft Ehrenmitglied. Gewidmet von den stud. Mitgliedern der Kgl. Bauakademie zu Berlin 1809. Der Biographie, der ein eigenhändiger Aufsatz des Verewigten zugrunde lag, sind die Beschreibung der Trauerfeier und die Abbildung des Erbbegräbnisses auf dem Friedhof vor dem Hallischen Tor beigegeben. Über die Tätigkeit als Oberbaudirektor in Pommern zahlreiche Akten im Staatsarchiv Stettin, allgemeine Wirksamkeit Brenkenhoff, Tit. 1. Litt. W. Nr. 1; Rektor- und Schulhaus in Colberg Brenkenhoff, Litt. C. 10; Kirche in Swinemünde 1786 ff. Brenkenhoff Tit. 1. Litt. L. Nr. 9; Umbau des Schlosses Jasenitz für die Prinzessin Elisabeth, erste Gemahlin Friedr. Wilh. II. 1783—87, und Einrichtung von Gemächern im Kgl. Schloß Stettin: Bd. 12 u. Bd. 13 des Stettiner Domainenarchivs Tit. XII. Amt Stettin b. Nr. 2; die prächtige 1786—89 von Sotzmann in Kupfer gestochene Karte von Pommern (sehr selten!) Acta Camera Stettin 1786. Zeichnungen zum Kadettenhaus in Stolpe im Königl. Staatsarchiv in Berlin. Im Jahre 1776 sollte er bereits an Boumanns d. Ä. Stelle nach Berlin berufen werden; über die Prüfung durch Friedrich d. Gr. hat er einen Bericht hinterlassen. 1788 wurde er in das Oberbaudepartement als Oberbaurat berufen und erhielt die Leitung des Bauwesens in Pommern, Ostpreußen, Westpreußen, Kur- und Altmark; 1785 sehen wir ihn mit D. Chodowincki befreundet (Eintragung in Ch.'s Stammbuch im Märk. Museum). Zahlreiche Akten über diese Jahre bis 1808 im hiesigen Geh. Staatsarchiv, Hausarchiv und Ministerium der öffentl. Arbeiten. Besonders wichtig im Geh. Staatsarchiv: Bromberger Kanal 1786—97 Acta des Kab. Friedr. Wilh. II. Rep. 96. 240^{e}. Über die Organisation des Bauwesens in Polen vgl. »Das Jahr 1793. Urkunden und Aktenstücke über die Organisation Südpreußens«, Posen 1895, Kap. 8, »Bauwesen« von Jul. Kohte. Über die Dekorationen zur Leichenfeier Friedr. Wilhelms II. vgl. die gedruckte Beschreibung des feierlichen Leichenbegängnisses König Friedr. Wilhelms II. von Preußen mit 3 Kupfertafeln, Berlin 1797. An der Dekoration im

Schloß und Dom wirkten Gentz, Bock, Bürnat und die Bildhauer Schadow, Hänly und Niesner mit. Die mit Schadowschen Basreliefs gezierte Pyramide trug die von Friedr. Gentz verfaßte Inschrift:

Friedrich Wilhelm II.
Durch Großmuth, Milde und Gerechtigkeit
Vater des Vaterlandes
ging
Aus der Mitte seines getreuen Volkes
Durch die Nacht des Todes
Zum Sonnenlichte der Unsterblichkeit
den 16. Nov. 1797

Über die Gründung der Bauakademie durch G. S. 242. — Im Jahre 1803 reiste G. auf drei Monate nach Paris. Seine erste Frau, die Mutter Friedrichs, war Friederike Ziegenspeck aus Landsberg a. d. Warthe (geb. 1748, verm. 1771), seine zweite seit 1804, Juliane Ziegenspeck, lebte noch 1812. Er wohnte Taubenstr. 16. Über die Familie enthalten die Tagebücher Friedrich Gentz, der 1800 die Tochter Gillys, Minna, heiratete (geschieden 1802) Nachrichten, ebenfalls die Briefe in der Ausgabe von Wittichen. Gillys Bedeutung als Lehrer macht eine Aufzählung seiner Schriften notwendig:

Beschreibung einer vorteilhaften Bauart mit getrockneten Lehmziegeln, Berlin 1790. (Sogenannter Pisébau).

Beschreibung der Feuer abhaltenden Lehmschindeldächer nebst Nachrichten über die Bauart mit getrockneten Lehmziegeln. Berlin 1794; 2. Aufl. 1796; 3. Aufl. 1801.

Grundriß zu den Vorlesungen über das Praktische bei verschiedenen Gegenständen der Wasserbaukunst, Berlin 1795.

Beschreibung, wie große Felssteine mit eisernen Keilen zu spalten. Berlin um 1796.

Über schnelle Verbreitung eines entstehenden Feuers in Dörfern, Berlin 1797.

Erfindung, Konstruktion und Vorteile der Bohlendächer, Berlin 1797.

Handbuch der Landbaukunst, 1. Aufl. Berlin 1797; 2. Aufl. 1799; 3. Aufl., um den Tafelband vermehrt, herausgegeben von Friederici 1811 in Halle; 4. Aufl. Braunschweig 1819; 5. Aufl. Halle 1828; 6. Aufl. bearbeitet von Triest 1831.

Eine Reihe von Aufsätzen, speziell über den Land- und Wasserbau in Pommern und der Mark, über Landhausbau, Wirtschaftsgebäude usw., in der wichtigen von Riedel u. W. Gilly, später von letzterem allein herausgegebenen Zeitschrift: Nützliche Sammlungen zur Baukunst für angehende Baumeister usw., Berlin 1798—1806; 1799 »Zur Ehrenrettung deutscher Art und Kunst«.

Abriß der Cameralbauwissenschaft. Berlin 1799. 2. Aufl. 1801.

Praktische Anleitung zur Anweisung des Nivellierens und Wasserwägens. Berlin 1800; 2. Aufl. 1801; 3. Aufl. 1827.

Anleitung auf welche Art Blitzableiter an den Gebäuden anzubringen. Berlin um 1800. 3. Aufl. 1810.

Anleitung zur Anwendung der Bohlendächer bei ökonomischen Gebäuden und insonderheit bei den Scheunen, Berlin 1801—04.

Praktische Anleitung zur Wasserbaukunst, zusammen mit J. A. Eytelwein 1801, mehrere Neuauflagen bis 1830.

Über die Gründung der Gebäude auf ausgemauertem Grunde, Berlin 1804.

36 David Gilly, Zeichnungen zu einem Vorwerk 1770 und zu Kleinbürgerhäusern in Landsberg an der Warthe 1769. Geh. Staatsarchiv. — Die ersteren aus den »Acta wegen Examinierung des Kondukteurs Gilly zu einer Landbaumeisterstelle«. Rep. 125 III., 26. Begutachtet sind die Zeichnungen von Boumann d. Ä. Es waren gefordert:

1. Eine Zeichnung und Kostenanschlag zu einem Bürgerhause (S. 92),

2. eine doppelte Zeichnung und Kostenanschlag von massiven Gebäuden und Gebäuden in Fachwerk, welche auf einem Vorwerk nötig sind,

3. eine aus dem Großen ins Kleine reduzierte Karte von den Churmärkischen Forsten. Von den Lehrern Gillys im Warthebruch, in Landsberg und Küstrin, sind Zeichnungen im Geh. Staatsarchiv, von Hahn zu einem »Fabriquenhause« für Landsberg a.d. Warthe und einem Wohnhause für die »Entrepreneurs von der zu Landsberg a. d. Warthe anzulegenden Strumpfweber-Fabrique«; von Dornstein zum Wiederaufbau der abgebrannten »Krapp-Mühle ohnweit Hohenfinow«; ebenso ein Projekt, »wie die den 31. May 1768 zu Landsberg a. d. Warthe vor dem Zantocher Tor abgebrandte Vorstadt am füglichsten weitläufig wiederaufgebaut werden könnte«.

38 Friedrich Gilly, Meierei im Park zu Bellevue 1800. — Seitwärts bezeichnet: Métairie de Louise inventé et dessiné par Gilly fils. Die Zeichnungen Gillys im Oberhofbauamt zeigen die Flächen in Backsteinrohbau und nur die Glieder aus Stein oder Putz, wie beim Marmorpalais und dem neuen Palais, ein Nachleben der holländischen Bauweise.

Seite

Fr. Gilly, geb. in Altdamm bei Stettin am 16. Februar 1772, wo sein Vater damals Landbaumeister war. Die Mutter, Justina Friederike Ziegenspeck, war die Tochter des Kontrolleurs Friedrich Ziegenspeck in Landsberg a. d. Warthe. (Abschrift des Taufzeugnisses von Pastor Paulich in Altdamm); vor 1788 lernte Gilly in Berlin bei Schaub die Landschaftsmalerei (von diesem mittelmäßigen Maler eine Sepiazeichnung, eine antike Statue in Baum- und Wiesenlandschaft bezeichnet Schaub inv. et fec. 1782 im konventionellen französischen Stil bei Rosenberg, Antiquariat; Skizzen von Dörfern bei Berlin im Kupferstichkabinett); auch Chodowieckis und Hackerts Zeichenmanier wirkte nur zeitweilig auf Gilly, entscheidend für seine Auffassung wird der englische malerische Stil, den in Berlin Weitsch vertrat, der Landschaftsstil des Gainsborough. 1789 wirkt Gilly mit seinem Vater bei der Anlage der Dorfziegelei bei Wittichow in Pommern, Geh. Staatsarchiv, Brenkenhoff Tit. I, Litt. W. Nr. 5; 1790 unter Langhans; in den Knopf des Marienturms wurde ein von ihm gezeichneter und radierter Aufriß des alten Turmes von Smids und des neuen eingeschlossen (Abdruck in der Rathausbibliothek). Im Jahre 1790 tritt er bei Becherer in die Architektenklasse der Akademie ein; im gleichen Jahre Reise mit Riedel nach Holland; 1791 wirkt er mit Simon beim Bau des Stadtvogteigebäudes, Molkenmarkt Nr. 1, worüber ein mit größter Sorgfalt aquarelliertes handschriftliches Werk in der technischen Hochschule: »Entwurf über eine Darstellung der Fortschritte des Baues, zusammengetragen durch Gilly und Simon«; ein Teil dieses Baues erhalten, in der Durchfahrt über dem Hof Halbbogenfenster mit eingetieftem Rechtecks-Felde darunter, Verdachung mit dorischem Konsolengesims, gedrücktes Obergeschoß, Photo 18861 des Märk. Museums; 1790—93 Baueleve; 1793 Preisarbeiten von ihm aus der architektonischen Klasse an der Akademie; 1794 Reise durch Westpreußen; zahlreiche Zeichnungen, Aufnahmen der Marienburg, historischer Aufsatz darüber; 1795 Einrichtung der Zimmer für Prinz Louis in Schwedt, der dort 2. Juli 1795 einzog, † 28. Dez. 1796; 1796 Vorarbeiten zum Friedrich-Denkmal, 1797 Reise durch Süddeutschland, Frankreich, England, Rückkehr 1. Hälfte 1798. (Friedr. Gentz, der ihn an Bötticher nach Weimar empfiehlt, schreibt im Dezember 1797: »Gilly schreibt auch viel über Humboldts und die Juden«, am 23. März 1798 an Garve: Fr. Gilly sei ihm in Paris eine gute Hilfe gewesen, er sei nach dreimonatlichem Aufenthalt in England nach Paris zurückgekehrt). Die Reise legte den Keim zu seiner Brustkrankheit, die durch den anstrengenden Dienst an der Bauakademie und dem Oberhofbauamt, verbunden mit zahlreichen Privatarbeiten beschleunigt wurde. Er vermählte sich 1799 mit Dorothea Haincelin, mit der er einen bald gestorbenen Sohn zeugte. Er starb 3. August 1800 in Karlsbad. Sein ausführliches Verzeichnis der Vorlesungen über Optik und Perspektive als Grundlage einer theoretisch artistischen Anweisung zur Zeichenkunst besonders für Architekten im Staatsarchiv; ebendort ein 1801 gedrucktes Verzeichnis der von dem verstorbenen Professor und Hofbauinspektor G. hinterlassenen auserlesenen Sammlung von Büchern und Kupferstichen meist architektonischen Inhalts; die Bibliothek von der Bauakademie erworben.

39 Die ehemalige Börse am Lustgarten von Becherer 1799—1801. Eingeweiht erst 1805. Akten Gen. Dir. Oberbau-Departement Tit. XXXVIII Nr. 6 D. Nach den Jahrbüchern der preußischen Monarchie hatte die Privatgesellschaft junger Baukünstler Zeichnungen vorgelegt, worunter die Fr. Gillys dem Könige so gefiel, daß er sie in der Kabinettorder vom 17. Mai 1799 der Kaufmannschaft zur Ausführung vorschlug. Im Sommer fanden die Börsenversammlungen in dem Säulengange statt. Gädicke S. 71.

Friedr. Becherer, geb. 1747 in Spandau, besonders unter Gontard in Potsdam ausgebildet, seit 1776 beim Baukomptoir, ausführender Baumeister der Waisenhäuser in Potsdam, der Spittel- und Königskolonnaden, der Gendarmentürme. 1778 Bauinspektor; seit 1790 Leiter der architektonischen Klasse der Akademie (vergl. die Ausstellungskataloge), starb als Geh. Oberhofbaurat 1823 in Berlin. Bildnisse, Papiere, Zeichnungen, farbige Abbildungen seines Landhauses im Tiergarten, die sorgfältige Kopie des Leroischen Werkes über Athen besitzen Fräulein Therese Becherer, Herr Rechtsanwalt Becherer in Berlin und andere Familienmitglieder. Sein Porträtrelief im Architektenhaus.

41 Vorbau des Prinzessinnenpalais von Gentz 1811. Hinzugehörig auch die Parkmauer mit Eisenlaternen über den Torpfeilern rechts.

Heinrich Gentz, geb. 1765 in Breslau als Sohn des späteren Generalmünzdirektors, seit 1782 in Berlin, gebildet unter Gontard, im Zeichnen nach Hoppenhaupt und Carstens, seit 1790 in Rom. Über seine Vorarbeit zur Huldigungsfeier vergl. Journal d. L. 1798. Das Weitere über ihn bei Döbber, Lauchstädt und Weimar, Berlin 1908.

43 Hans Christian Genelli, Marmorbüste von Rauch, Schloß Ziebingen. 1819. — Genelli wurde geboren in Berlin 23. April 1763 als Sohn des römischen Seidenstickers Genelli; er und sein Bruder Janus halfen dem Vater bei seinen Blumenstickereien für die Königl. Schlösser. 1785 begaben sich beide und der dritte Sohn, ein Sticker, nach Rom; sie zogen

sich, besonders unser Genelli, den Unwillen des Prokurators der Akademie, Heinitz, zu. Zurückgekehrt erhielt G. eine Anstellung an der Porzellanmanufaktur; seine Vorschläge zur Hebung des Stils der Gefäße, worüber ein Aktenstück mit Zeichnungen dort vorhanden, fanden keinen Beifall; er gab die Stellung auf »angeblich so genial, daß er als Beamter nicht brauchbar erkannt wurde.« »Passiv genial«, von großer Herzensgüte, angekränkelt von Selbstkritik und seelischer Selbstquälerei, wie seine Briefe an Rahel Levin, mit der er befreundet, dartun (»Mich freut es, es ist meine Glorie, aus der Welt zu scheiden wie ein ganz ungezähltes Geschöpf, das niemand in der Welt vermissen wird.«); in dieser Hinsicht dem, dem Genellischen Hause befreundeten Carstens verwandt, der in Berlin verschiedene Säle ausmalte; alles Künstlerische zersetzte sich schließlich durch das reflexive intellektuelle Element. Sein Bruder Janus malte u. a. einen altägyptisch-dorischen Tempel auf einem Hügel von Jünglingen umlagert mit der Inschrift: Immanuel Kant (»Die tollste Erscheinung, die vor dem jüngsten Tage der Kunst vorhergehen kann«, Goethe über die Illustrationen zu Kant.). Vgl. Max Jordan, Bonaventura Genelli (der Neffe und Schüler unseres G.), Zeitschr. f. b. K., 16. Band, S. 31. Zeichnungen von ihm noch in Friedersdorf und Seifersdorf. Er starb 1823 in Madlitz im Kreise der Familie Finckenstein. Eine frühere Portraitzeichnung von Schadow (Konvolut im Bes. der Frau Prof. Kaibel). Ludw. Tieck, der mit ihm befreundet war, schildert ihn in einer Novelle. Galerie von Bildnissen aus Rahels Umgang und Briefwechsel herausgegeben von Varnhagen v. Ense, Leipzig 1836.

44 Haus Ziebingen von Hans Christian Genelli um 1800. Bes. Herr Reichsgraf Finckenstein. Neumark, Kreis Frankfurt a. d. Oder, auf dem rechten Oderufer, unfern des Schlachtfeldes von Kunersdorf. Genelli spricht über den Bauherrn v. Burgsdorff, der 1797 mit Fr. Gilly und den Humboldts in Paris war, in seinen Briefen an Rahel 1798 (an die er sich unterschreibt »Ihr närrischer, Ihr lichtscheuer Phantast usw.«) natürlich abfällig; er, Genelli, vergeude Jahre, Zeit und Geld und die gute Laune für diesen Bau im Dienste des v. B. Über den Bau vgl. S. 259 ff.

45 Torgebäude von Krahe in Braunschweig. Krahe war als Maler ausgebildet und wurde erst in Italien Architekt. Auf Grund einer günstigen Auskunft, die Vieweg bei D. Gilly einholte, wurde er Baurat der fürstl. Kammer. Mitt. des Herrn Direktors P. J. Meier in Braunschweig. Vgl. P. J. Meyer und Steinacker, Bau- und Kunstdenkmäler der St. Braunschw. 1906. Wolfenbüttel. — Sein Schüler Ottmer setzte 1819 seine Studien bei Schinkel fort und gewann 1822 den 1. Preis für das Königsstädtische Theater in Berlin. Illustrierte Zeitung, II. Band.

46 Peter Joseph Krahe, Aufriß zum Krauseschen Hause 1808. Bes. Herr Baurat Krahe.

47 Peter Joseph Krahe, Aufriß zum v. Veltheimschen Hause in Braunschweig um 1803. Bes. Herr Baurat Krahe.

48 Friedr. Gilly, Aufriß zum Hause Behrenstraße 62. Nach Riedels Sammlung architekt. Verzierungen. Unter den von Gilly gezeichneten Wohnhausfassaden fehlt bisher das Haus Jägerstraße 14, das Reliefs nach seinem Entwurf hatte. Woltmann, Baugesch. Berlins, S. 43.

49 Becherers Landhaus in der Tiergartenstraße. Ende 18. Jahrh. Kupferstich bei Simon Schropp & Co, Berlin 1796. — Kuppel aus Bohlenbindern konstruiert.

50 Ifflands Landhaus in der Tiergartenstraße um 1800. Stich von Henne 1810. — Bes. Dr. Schmitz. Ein zweiter Stich von Delkerskamp häufiger. Hier wohnte Schiller 1804. Jetzt Tiergartenstr. Nr. 29 (abgebrochen).

51 Kaserne des von Winnig und Kunheimischen Regiments von David Gilly um 1800. L. Serrurier del. P. Haas sculp. — Es ist das im Umbau noch erhaltene, in der Ausführung etwas abweichende Exerzierhaus, Ecke Schützenstr. und Keibelstr., dicht hinter dem Alexanderplatz, seit 1854 Bureauhaus der Speditionsfirma Gust. Ebel & Co. (Otto Mönch). An Stelle der 1769 von Friedrich d. Gr. für die Regimenter von Thüna und Bornstädt, um 1801 für die von Winnig und Kunheimischen errichtet. Erbaut wohl von D. Gilly, der die Maße nach Schr. vom 13. März 1805 auf sein Exerzierhaus in Stettin anzuwenden in Aussicht stellt. Die Reitbahn der Gendarmen mit einem Bohlendach, von Becherer 1792, auf dem Terrain der jetzigen Kgl. Bibliothek, findet sich im Durchschnitt in Gillys »Bohlendächer« (120 F. l., 60 F. br.). Die zahlreichen ähnlichen Ausführungen (z. B. Reitbahn, Alte Jakobstraße, 1818, abgebr. 1903, Zentralbl. 1907, p. 418) können nicht aufgezählt werden.

53 Gefäße in Steinschnitt. Freienwalde.

54 Friedr. Gilly, Dekorationsentwürfe um 1797. Oben: Technische Hochschule; unten: Märk. Museum.

55 Glasampel in Freienwalde. Zu ähnlichen Ampeln Skizzen von Fr. Gilly im Märk. Mus. Ähnliche wurden auch in Alabaster hergestellt, vgl. Journal d. L. 1790 u. a. O.

Seite

56 Königin Luise um 1800. Berliner Biskuitplastik nach Schadow. Schloßmuseum.

57 Friedr. Wilhelm III. um 1800. Berliner Biskuitplastik nach Schadow. — Besitzer Herr Charles Förster. Nach Schadows Marmorbüste im Schloß Friedrichshof 1794.

58 Friedr. Gilly, antike Szene, Ätzung von Fialla um 1800. Kupferstichkabinett.

59 C. G. Langhans, Entwurf zum Denkmal Friedrich d. Gr. 1797. Aquarell im Königl. Kupferstichkabinett. Nach d. Beschr. im Katal. d. Ausstell. 1797 Nr. 309 waren die Löwen in Eisenguß, am Architrav Viktorien aus Bronze zwischen Basalttafeln projektiert. Über die Denkmalsprojekte bis zur Einweihung von Rauchs Friedrichsdenkmal Unter den Linden vgl. Kurt Merckle, D. Denkmal König Friedrich d. Gr. Aktenmäßige Geschichte und Beschreibung des Monuments. Berlin 1894. Nach den Akten des Staats- und Hausarchivs.

65 H. C. Riedel, Entwurf zu einem Friedrichsdenkmal 1806.

67 Kronprinzenpalais, Prinzessinnenpalais und Kommandantur um 1830. Gemälde von Krüger. Das Kronprinzenpalais in der alten Gestalt, erbaut von Gerlach 1733; die Kommandantur, von der mehrere Abbildungen in Stich erhalten, in der alten Gestalt, erbaut von Titel 1792, damals zweigeschossig, für den Geh. Sekretär Schmidt. — Für das Kapitel Stadtbaukunst sind hinsichtlich der Epoche um 1800 folgende u. a. im Kupferstichkabinett verwahrten Pläne Berlins wichtig: von dem k. p. Artillerieleutnant C. F. Schneider 1802, von Sotzmann 1803, von Selter 1804, sowie der Spezialplan des Tiergartens von 1791.

68 Berlin um 1780 von Tempelhof aus gesehen. Aquarell von J. Rosenberg. — Kupferstichkabinett. Genauer nach 1785, da die Gendarmentürme schon vorhanden sind.

69 Schloß Steinhöfel bei Fürstenwalde. Aquarell von Friedr. Gilly. — Bes. Herr General von Massow, Steinhöfel. Die fünf Gillyschen Aquarelle von St. sind in Aquatinta von Schumann in Dresden um 1799 herausgegeben (3 Bl. Bes. Dr. Schmitz). Landschaftsskizzen Gillys aus der Gegend von Steinhöfel in dem Zeichnungskonvolut der Techn. Hochschule; darunter die Rauenschen Steine mit dem Text »... es läßt sich wohl begreifen, wie diese Steine den Bewohnern der Gegend außerordentliche Gegenstände scheinen und Anlaß zu Dichtungen von Verzauberungen und verwünschten Schlössern geben konnten. Etwas Rauhes und Ödes in der Gegend, wo sie liegen, befördert dies vielleicht und die Sagen werden noch jetzt dem Wanderer von dem Landmann mit auf die Reise gegeben. Überhaupt trägt das Land Spuren des grauen Altertums, die das Romanhafte erwecken. Man sieht viele mitunter sehr große und recht merkwürdig angelegte Grabstätten der alten Wenden, welche ehemals hier hausten. Besonders die Waldung und Höhen des Gutes Steinhöfel ist bedeckt mit solchen Begräbnissteinen, darunter häufig Urnen mit Asche gefunden werden. Man wandert hier unter diesen Denkmälern eines sonst hier hausenden zahlreichen und tapferen Volkes und blickt mit einer sonderbaren Stimmung über die stille Gegend bis zu den Ufern der Spree hin, wo sich am Horizont die ansehnliche hohe Bergkette von Rauen in ein schönes Blau erhebet.«

Friedr. Gilly, Landschaft mit architektonischer Staffage. Sepiazeichnung. — Kupferstichkabinett.

70 Pichelsberge am Ende des 18. Jahrhunderts. Aquarell im Kupferstichkabinett. — Das noch erhaltene Lusthaus mit viersäuligem Vorbau ist im Inneren neuerdings umgebaut worden.

71 Friedr. Gilly, Landschaft mit architektonischer Staffage. Sepiazeichnung.

72 Friedr. Wilhelm III. und Königin Luise. Relief in Eisenguß nach Posch. Königl. Eisengießerei um 1804. — Königl. Kunstgewerbemuseum. Das Vorbild war sicher ein Relief von Schadow, durch den Posch 1804 an die Eisengießerei empfohlen wurde.

75 Schloßparkportal in Rheinsberg. Knobelsdorf 1741.

76 Mittelbau des Potsdamer Stadtschlosses. Knobelsdorf 1745—51.

77 Mittelbau des Schlosses Sanssouci. Knobelsdorf 1745—51.

78 Ephraimsches Haus Poststraße 16 von Dietrichs 1762—65. Friedr. Wilhelm Dietrichs, geb. 1702 in Ülzen, seit 1717 in Berlin, Schüler Böhmes, unter dem er die Aufsicht beim Schloßbau in Schwedt führte; als Bauinspektor der Kurmark erbaute er 1722 die Kirche in Buch; 1732—36 die böhmische Kirche an der Mauerstraße, das Schicklersche Haus am Dönhoffplatz, die Orangerie in Potsdam; wirkte mit Knobelsdorf in Sanssouci und zeichnete die Pläne zum Palais der Prinzessin Amalie Unter den Linden (Niederländ. Palais, mit sehr schönem Treppenhaus und Rokokoeisengeländer wie im Ermelerschen Hause Breitestraße). Der Ästhetiker Sulzer ließ sich 1749 sein Haus am Packhofe von D. zeichnen. D. starb 1784. — Die Puttengruppen des Balkons im Stil der Meyer, z. T. ersetzt, eine im Märk. Museum.

Seite

79 Stallgebäude am Stadtschloß in Potsdam. Knobelsdorf und Krüger 1746. Die Plastiken der Attiken von Glume.

80 Joh. Michael Hoppenhaupt sen. Berlin um 1750. Entwürfe zu Gartenhäusern. — Bibl. d. Kunstgewerbemuseums. Zur Folge der von J. W. Meil nach H. 1753 radierten 8 Gartenhäuser, Hopfer 38—45. Hoppenhaupt, geb. 1709 in Merseburg, war in Dresden ausgebildet.

81 Joh. Michael Hoppenhaupt sen. Berlin um 1750. Wanddekorationen. — Bibl. d. Kunstgewerbemus. Radiert von Meil 1754. Hopfer Zimmerverzierungen Nr. 64—72. — Der obere Entwurf ist im Neuen Palais benutzt zum Silberzimmer (Salon der Kaiserin); der untere zum Jagdzimmer ebendort; selbst die holzgeschnitzten Windhundköpfe der Stühle stimmen überein. Die ausgeführten Dekorationen (um 1765) zeigen das feinere Gefühl für das Rokoko in den dazwischen liegenden zehn Jahren geschwächt.

82 Hedwigskirche. Oberteil der Fassade. Legeay 1747—78. Vgl. S. 20.

83 Mittelbau der Universität, ehem. Palais des Prinzen Heinrich. Knobelsdorf und Boumann d. Ä. 1748. — Ausgeführt 1754—64; bezogen 1766.

84 Aula der Universität, ehem. Palais des Prinzen Heinrich 1764. Deckenmalerei: Apotheose Heinrichs nach Friedrich d. Gr. Angabe von Guglielmi.

85 Theater im Neuen Palais bei Potsdam um 1765. Gontard und Hoppenhaupt?

86 Neue Kammern bei Sanssouci von G. Ch. Unger. 1771—75 eingerichtet. — Georg Christian Unger, geb. 1743 in Bayreuth, 1763 in Berlin, tätig noch um 1800 als Oberhofbaurat im Oberhofbauamt.

87 Saal im Schloß zu Rheinsberg nach Zeichnung von Langhans 1769. — Vgl. Hennert, Beschreibung des Lustschlosses und Gartens S. K. K. Hoh. des Prinzen Heinrich zu Rheinsberg, Berlin 1778. — Nach H. fertigte Langhans bereits 1766 für den Prinzen die Zeichnungen zu dem Ruheplatz bei der Haupttreppe. Der abgebildete Saal mit Wänden in gelbem Gipsmarmor, grüner Einfassung und weißen Stuckreliefs ist von Hennert und dem Stuckateur Gigel ausgeführt.

88 Joh. Michael Hoppenhaupt sen. Berlin um 1750. Fassadenentwurf. — Bibl. des Kunstgewerbemuseums. Kupferstich.

89 Boumann d. Ä. (?), Aufriß zur Königl. Porzellanmanufaktur Leipziger Straße, um 1764. Aquarellierte Federzeichnung im Geh. Staatsarchiv.

90 Boumann d. Ä. (?), Entwurf zur langen Brücke in Potsdam 1770. Zeichnung im Geh. Staatsarchiv.

91 Boumann d. Ä. (?), Entwürfe zur langen Brücke in Potsdam 1770. — Ebendort.

92 David Gilly, Aufriß und Querschnitt zu einem Bürgerhause. Berlin 1770. — Geh. Staatsarchiv. Siehe Seite 36.

93—95 Fassade eines Königl. Immediatbaues. Berlin 1776. — Kupferstichkabinett. Über die Stiche siehe S. 28.

96 Opernhausbrücke mit den Statuen von W. C. Meyer 1776. — Märk. Museum. »J. C. Krüger del. et sc. Berolini.«

Königsbrücke von Gontard 1777—80 nach Stich von J. C. Krüger 1785. — Bes. Herr Dr. von Dallwitz. Erbaut von Boumann d. J. aus rotem Rotenburger Sandstein und weißem Seehauser Sandstein. Die laternentragenden Putten auf den Geländern der vierbogigen Brücke von W. C. Meyer, die großen Figuren von E. Meyer d. Ä. (Nicolai). Links Blick auf die Kontreskarpe des Königsgrabens.

97 Hamburger Tor, erbaut von Unger 1789. — Nach Stich von 1797 im Märk. Museum. Das Tor lag am Ende der kl. Hamburger Straße, vor dem Vogtland (Gädicke S. 259).

Rosentaler Tor, erbaut nach Gontards (?) Plänen 1781—88. — Stich von 1797 im Märk. Museum. Unter Leitung Ungers von Moser ausgeführt.

98 - 101 Königskolonnaden am Kleistpark von Gontard 1777—80. — Vom Alexanderplatz (Königsbrücke S. 96) vor fünfzehn Jahren hierher überführt.

102 Der französiche Dom auf dem Gensdarmenmarkt 1780—85. — Nach Gontard von Unger. Von den Stuckreliefs in den Giebeln ist Christus und die Samariterin erkennbar.

103 Vorgebäude des Schlosses Monbijou von Unger 1789—90. — Über den Bau und die Beteiligung der Bildhauer an den Attikafiguren vgl. Nicolai, Gädicke, Borrmann: ebenso über die Inneneinrichtung des Schlosses selbst für die Königin Ulrike Friederike. Eine Serie von Stichen der damals im Park aufgeführten Bauten in der Kartensamml. der Bibliothek.

Seite

104 Kadettenhaus von Unger 1775. Neue Friedrichstr. 13. Abgebrochen.

105 Mittelbau der Spittelkolonnaden in der Leipziger Straße, von Gontard 1776.

106 Mittelbau und Portal des Schlosses Bellevue, von Boumann d. J. um 1785. — Prinz Ferdinand sandte den Boumann u. a. nach Wörlitz, um das Schloß zu studieren Die Figuren an den beiden Portalen im Stil von Eckstein. Über Schloß und Garten vgl. die Monographie von Dr. Bogdan Krieger.

107 Details vom Hause Oberwallstraße Nr. 21. Ende 18. Jahrh. — Predigerhaus der Friedrich Werderschen Gemeinde hinter der Werderschen Kirche.

108 Haus Schützenstraße. Ecke Jerusalemer Straße. Gontard (?) um 1785. — Vgl. Zeitschrift für Bauwesen, Jahrg. 54, Heft 1.

109 Haus Behrenstraße 41. Fr. W. Titel 1794. — Hier zeigt sich, daß Titel außer seinem Lehrer Gontard die Pariser Louisseizearchitektur um 1770, speziell deren Hauptmeister für Palastfassaden, den Jacques Ange Gabriel, studiert hat. — Erb. vom Oberhofbauamt für die allgem. Witwenverpflegungsanstalt. Die ganze Behrenstraße wurde von Friedr. Wilh. II. mit schönen Häusern bebaut.

110 Theater in Rheinsberg, Blick von der Bühne in den Zuschauerraum. — Eingerichtet um 1778 von Hennert. Die Dekorationen auf Papier gemalt von Cagliari und Verona (?). Hennert, seit 1762 Leutnant der Artillerie, seit 1768 Ingenieur des Prinzen Heinrich, baute außer dem Schauspielhaus und dem neuen Flügel des Kavalierhauses eine Reihe von Gartengebäuden im Rheinsberger Park.

111 Schlafzimmer des Prinzen Heinrich im Schloß Rheinsberg um 1775—80. — Auch Schlafzimmer Friedrichs d. Gr. genannt; wohl von Hennert dekoriert.

112 Festsaal des Schlosses Neu-Hardenberg um 1781—90. Schmalwand. — Besitzer Herr Oberregierungsrat Graf zu Hardenberg. — Quilitz (der ursprüngliche Name) wurde 1763 dem General Prittwitz von dem Könige für seine Errettung in der Schlacht bei Kunersdorf geschenkt; der General errichtete im Park das erste Denkmal für Friedrich d. Gr. 1792; 1814 erhielt den Besitz Fürst Hardenberg, der das im Inneren teilweise noch alte Schloß 1817 nach Schinkels Zeichnungen ausbaute.

113—115 Festsaal im Schloß Friedrichsfelde bei Berlin um 1785. — Besitzer Herr Landrat von Treskow.

116 Treppenhaus des Schlosses Friedrichsfelde mit gemalten Tapeten. Der Herzog von Kurland ließ nach Nicolai das vorher vom Prinzen Ferdinand bewohnte Schloß 1785 neu einrichten; er berief den Maler Josef Raimondi aus Bologna, um die Decken al fresko im arabesken Geschmack zu bemalen; davon ist eine erhalten. Das älteste Schloß erbaute der Admiral des Großen Kurfürsten Raule.

117 Vestibül im Schlosse Neu-Hardenberg um 1785—90.

118 Getäfelter Saal aus dem Niederl. Palais von Langhans 1787; jetzt zum Teil im Hausministerium angebracht.

119 Ehemaliger Saal im Palais Dönhoff, Wilhelmstraße 63, von Langhans um 1780—90. Ähnlich dem ehem. Pfeilersaal im Berliner Schloß über Portal II, den Langhans für die Königin Ulrike Friederike, Gemahlin Friedrich Wilhelm II., nebst anderen Zimmern 1791 einrichtete (Rumpf, Berlin und Potsdam S. 206—213). Die Angabe, daß Langhans den Saal im Palais Dönhoff erbaut hat, macht Schadow, Kunstwerke und Kunstansichten S. 23; von ihm rühren die vier Basreliefs im Wedgwoodstil her.

120—21 Parolesaal der Königskammern im Schloß, von Erdmannsdorff 1787/88. — E. wurde bereits 1. Dez. 1786 Ehrenmitglied der Akademie; die von ihm in diesem Jahre ausgeführte Dekoration des Schlafzimmers Friedrich d. Gr. in Sanssouci (Alkoven mit zwei korinthischen Säulen, Decke fächerartig von Fischer gemalt) ist aufgenommen von der Meßbildanstalt; in Berlin weilte er dann mit Unterbrechung vom 2. Febr. 1787 bis Anfang Mai 1789 (Riesenfeld). Der größte Saal in der Reihe der Königskammern, der Säulensaal über Portal IV (mit 16 gelben Marmorsäulen und Wänden aus grauem Stuckmarmor mit Stuckreliefs aus der Alexandergeschichte von Schadow 1790/91). — Die Stuck- oder Gipsreliefs im Parolesaal von Schadow (Kunstw. u. Kunstans. S. 21 ff.); die Stuckdecke von Föhr und Gügel. Die Möbel z. T. nach Erdmannsdorffs Zeichnung, siehe die Bank S. 121, die besten Stücke aber von Roentgen, jetzt im Hohenzollernmuseum.

122 Speisesaal der Königskammern, von Erdmannsdorff 1787/88. Wandmalereien von Frisch: Orpheus vor Pluto und Proserpina, Achill und Briseis, Merkur usw.; Grotteskenmalerei von Rosenberg. Der Marmorkamin, nicht sichtbar, von Tassaert, dem seit 1774 als Hofbildhauer angestellten, 1788 gestorbenen Vorgänger Schadows. Herrliche Intarsien in den Fußböden dieses und der anderen Säle. Vgl. über die Säle auch Borrmann S. 295.

Seite

123 Kabinett im Schloß zu Wörlitz, von Erdmannsdorff um 1773. — Vgl. über die Innendekorationen Riesenfeld, wo einige Zeichnungen E's. dazu. Die Zeichnungen hierfür sandte er aus Rom, wo er auch die Kopien der Carraccifresken aus der Farnes. Galerie und die Kamine von Piranesi für Wörlitz kaufte; er richtete die Zeichnungen für die Tischler und Stukkateure so ein, daß sie von Dessauer Handwerkern ausgeführt werden konnten (Briefe bei Rode).

124—125 Zimmer im Schloß zu Wörlitz. Erdmannsdorff 1773.

126 Stuckdecke aus dem Schloß zu Wörlitz. Erdmannsdorff.

127 Festsaal im Herzogl. Schloß zu Dessau. Erdmannsdorff 1767. — Prof. Dr. Franz Weinitz, Schloß Luisium, 1909.

128 Fensterwand aus dem Festsaal. — Gliederung in Anlehnung an das Innere des Grabturmes zu Palmyra nach Wood, ähnliche Detaillierung am Portikus des Pantheon (Riesenfeld).

129 Kabinett auf dem Stein in Wörlitz. Erdmannsdorff um 1770—80. — Fürst Franz ahmte den Pavillon der Lady Hamilton in Neapel nach. Decken- und Wandmalerei von Fischer. Tanzende Horen nach antiken Reliefs in Gips von Hunold. Unten Kupfer nach Clérisseaus römischen Ansichten.

130—131 Saal im Luisium bei Dessau. Erdmannsdorff um 1775. Von Fürst Franz als Landhaus für die Fürstin Luise eine halbe Stunde von Dessau in herrlicher Parklandschaft errichtet. Die Medaillons mit Tugenden von Fischer nach Erdmannsdorffs Skizzen gemalt.

132 Schloß in Wörlitz. Erdmannsdorff 1769—73. Sommersaal in Wörlitz. — Das Schloß gleich nach des Fürsten u. Erdmannsdorffs Rückkehr aus England begonnen. Über die weiteren Bauten in Wörlitz, Judentempel 1789, Stein, Venustempel 1794, Pantheon, Rathaus, Floratempel, Monument 1802, Kirche 1804—9 usw. vgl. Rode.

Auch im Park mischt sich das englische und italienische Element besonders deutlich am Ende beim Stein: der große See mit gebogenen beschilften Ufern, Wiesenflächen mit malerischen Baumgruppen und Schlängelwegen rechts; links Grotte der Egeria mit Nadelholz, gerade Wege mit lombardischen Spitzpappeln, Zedern, Lebensbäumen und Hecken; die mit Barockfratzen belebte Schlacken- und Basaltwand des »Stein« mit trockenem Strauchwerk, Buchs, Dornen- und Ginsterarten bewuchert; die Seite mit Feigen und Wein bewachsen; von Goethe sehr bewundert. Der Park in den »Wahlverwandtschaften« (1808) zeigt das romantische englische Element noch weiter entwickelt.

133 Kirchhofsportal (Rückseite) in Dessau. Erdmannsdorff 1789. Der Kirchhof 1787 von E. angelegt, eine der frühesten regelmäßigen Anlagen in Deutschland; ihm folgten in Berlin die Kirchhöfe vor dem Halleschen und vor dem Oranienburger Tor (beide erhalten, mit Monumenten aus der Zeit um 1800).

Brückenhäuser an der Muldebrücke in Dessau. Erdmannsdorff.

134 Gerätehaus im Park zu Wörlitz. Erdmannsdorff.

135 Einfahrt und Wirtschaftsgebäude beim Amt Wörlitz nach 1770. — Das Amtsgebäude wichtig als frühes Muster nach englischem Vorbild.

Chausseehaus (Kuhhaus) bei Dessau. Erdmannsdorff 1796.

136 Fassade der Reitbahn in Dessau. Erdmannsdorff 1790—91. — Die Rossebändiger nach den römischen, von Döll.

137 Pavillons am Schloßpark in Dessau. Erdmannsdorff 1775. — Die Flußgötter Mulde und Elbe von Ehrlich, Nymphen von Ehrlich und Pfeiffer, Reliefs von Döll. Die Ställe daneben 1792.

138 Haus Mauerstraße 31 (abgerissen). C. G. Langhans? um 1790.

139 Haus Neue Schönhauser Straße 5. C. G. Langhans 1790. Abgerissen. — Nach einem erhaltenen Entwurf des C. G. Langhans, nicht von Titel wie in der ersten Auflage vermutet wird, daher wohl auch sicher das vorhergehende Haus Seite 138 nach Langhans' Entwürfen und nicht nach Titel.

140 Potsdam, Marmorpalais, Hauptfassade. C. v. Gontard.

141 Potsdam, Marmorpalais, Seitenansicht. C. v. Gontard 1790. — Der erste Auftrag des Königs an Gontard im März 1787; die Vollendung erst 1790. Gontard müssen unbedingt genaue Stiche oder Zeichnungen englischer Villen der Zeit vorgelegen haben, da von einer Reise nach England nichts bekannt ist. Oder hat Langhans, sein Mitarbeiter, der in England Aufnahmen gemacht hatte, auch das Äußere bestimmt? Die Reliefs der Jahreszeiten von Eckstein, Schumann und Wohler nach Rodes Zeichnung. (Von Schadow sind Fassadendekorationsentwürfe für das Marmorpalais in der Königl. Akademie.) Puttengruppe in Kupfer auf der Kuppel vom Kupferschmied Jury. — Der Park von Morsch nach Eyserbecks Entwurf 1783 be-

Seite

gonnen; Eyserbeck siedelte 1786 nach Potsdam, 1788 als Hof- und Lustgärtner nach Charlottenburg über. 1789 kamen aus Dessau u. a. lombardische Pappeln, Weymutskiefern, Zedern, Lorbeer, Girleadsche und andere seltene Tannen- und Weidenarten; aus der in Tegel bei Berlin seit 1779 durch Forstrat von Burgsdorff angelegten Baumschule (Nicolai S. 1102) kamen 1790 die Lärchenbäume; die Modebäume nämlich Platanen, Akazien, amerikanische Tannen (Canada) und Weymutskiefern aus der Berliner Gärtnerei Ohm. Über die weiteren Bauten im Park: Orangerie von Langhans mit Sphinxen von Schadow, Obelisk, Bibliothek von Langhans und Krüger 1791, Maur. Tempel und Eremitage, vgl. Seidel im Hohenzollernjahrbuch. Der König bezog das Palais im Herbst 1790.

142 Potsdam. Marmorpalais, Treppenhaus. Krüger d. J. und C. G. Langhans 1790—91. Die Dekoration nach Krügers Zeichnung von den Stuckateuren Calame und Tippel, die Laternen nach Zeichnung von Langhans.

143 Potsdam. Marmorpalais, Vorhalle an der Wasserseite. C. v. Gontard 1790.

144—147 Festsaal im Niederländischen Palais. C. G. Langhans um 1787. Das 1753 erbaute Palais kaufte Friedr. Wilh. II. 1787 für 35000 Thlr. und schenkte es der Gräfin v. d. Mark, seiner Tochter von der Ritz. Die Oberleitung des Umbaues hatte Boumann (1790, Kosten: 12179 Thlr.). Die Stuckarbeiten: Gügel, Supraporten: Echtler, Malerei der Decke, Vulkan, Bacchus, Ceres und Flora von Rode. Borrmann S. 319.

148—153 Belvedere im Charlottenburger Schloßpark. C. G. Langhans 1787—89. Im Jahre 1913 wurde unter Aufsicht des Herrn Hofbaurats Kavel der Putz erneuert, die Karyatiden bloßgelegt und sonstige Schäden gebessert. — Ein Stich von 1795 (bei Schropp & Co.) zeigt die alte freie Lage mit der Treppe zur Spree hinab. Gleichzeitig mit den Bauten in Charlottenburg ließ Friedr. Wilh. II. den von Lenôtre gezeichneten Park im engl. Sinne umgestalten und nach der Spandauer Seite zu vergrößern, Gebüsch und Hecken lichten, freie Durchblicke mit Baumkulissen schaffen, die Aussichtshöhe am Rande (Schneckenberg) aufschütten, den Bretterzaun um den Garten beseitigen, die hölzerne Schälung des Spreeufers mit Sandstein abböschen, an der Spreebrücke ein gotisches Angelhaus, und weiter spreeabwärts ein Korkhaus (Friedr. Gilly?) errichten. Am 27. Juli 1789 ließ er ein großes Land- und Wasserfeuerwerk abbrennen. — Aufs engste verbunden mit diesen Bauten des Königs ist das Andenken an die Gräfin Lichtenau, Madame Ritz. Die Gräfin, Tochter des königl. Trompeters Enke, hatte der König in Paris erziehen lassen, er schenkte ihr 1777 das gegenüber dem späteren Belvedere am anderen Spreeufer gelegene Gut des Grafen Schmettau und ließ ihr hier 1788—93 ein Schloß erbauen von fürstlicher Pracht; der Park, der vor 10 Jahren noch erhalten war, war mit Tempeln, got. Lusthäusern, Holländereien usw. besetzt, von denen sich ebenso wie von dem Schlosse Abbildungen erhalten haben; er barg ein Monument für den frühverstorbenen Sohn, den Grafen v. d. Mark. Vgl. darüber u. a. Gundlach, Geschichte Charlottenburgs. — Schadowsche Reliefs von diesem bereits 1799 nach der Festnahme der Gräfin an die Herren von Eckardstein übergegangenen Schlosse wurden vor einigen Jahren von Herrn Dr. Mackowsky aufgefunden. Als einziger Rest dieser Anlage stehen die hohen Zitterpappeln am Tegeler Weg dicht an der Spree noch aufrecht.

154 Ovaler Raum im ersten Stock des Belvedere. Langhans 1788—89. Ein Beispiel der raffinierten Intarsiakunst mit allen ersinnlichen feinen Hölzern (Apfel, Birne, Taxus, Ahorn, Flieder, Buchs, Nuß, Schwarzpappel usw.) in der Wand-Boiserie wie im Fußboden, ganz identisch im Marmorpalais, auf der Pfaueninsel (Eremitage von Brendel 1793) u. a. O., von den Furnierkünstlern Kambly, Ziedrich, Plettenberg, Selle, Angermann in Berlin von 1770—1806 geubt (auch an Möbeln).

155 Vestibül im Ritzschen Hause in Potsdam 1796. Vgl. darüber S. 174.

156 Mohrenkolonnaden. C. G. Langhans 1787.

157 Theater im Schloßpark von Charlottenburg. C. G. Langhans 1788—89. Friedr. Wilh. II., der sich im Mai und im Sommer vorübergehend in Charlottenburg aufhielt, ließ das Theater am Ende der Orangerie (in deren herrlichem Saal von 1709 bisher Theater gespielt worden war) zunächst für sich und seine Freunde erbauen; es wurde 3. Juli 1791 mit der Operabuffa »Der Talismann« eingeweiht; hier wurde u. a. Goethes Singspiel Claudine mit Musik von Reichardt und Emilia Galotti gespielt. Der König, der sehr musikalisch war, soll hier zuweilen selbst die Bratsche gespielt haben. Das höchst reizvoll ausgemalte, mit 2 Rängen versehene ovale Innere ist ebenso wie der köstlich dekorierte Zugang von der Orangerie vor ca. 15 Jahren beseitigt worden; doch existieren photogr. Aufnahmen. Sein Geschick im Theaterbau hatte Langhans ein Jahr vorher, 1787, mit der vielbewunderten, genau beschriebenen Neueinrichtung des Zuschauerraumes im Knobelsdorffschen Operhause bewährt. Über das Charlottenburger Theater vgl. u. a. Gundlach, Gesch. Charlottenburgs, Bd. II, S. 363.

Seite

158 Anatomisches Theater der Tierarzneischule. C. G. Langhans 1789. Der Querschnitt und Grundriß S. 32. — Das Innere mit Bohlendach und Malerei von Rode, der besten, die dieser mittelmäßige Meister hinterlassen hat, sowie den alten durch Holzgalerien getrennten vier amphitheatralischen Zuschauerreihen, gibt von der Raumkunst des Langhans den schönsten Begriff; Aufnahmen der Meßbildanstalt. Der Direktion der Tierärztlichen Hochschule ist für ihren hochherzigen Entschluß, den Bau nach Außerdienststellung seit dem vorigen Jahre doch zu erhalten, der Dank aller Freunde der Berliner Baukunst sicher.

159 Theater in Potsdam. C. G. Langhans 1795. Ausführung von Boumann. Stuckrelief von Gebr. Wohler nach Schadow. Büsten von Sartori. Inneres (für 700 Personen) umgestaltet.

160 Das Brandenburger Tor um das Jahr 1798. Stadtseite. Aquatinta von W. Berger nach Lütke jun. — Die Seitendurchgänge noch geschlossen mit den Schadowschen Statuen, Mars und Minerva, die jetzt im Durchgang.

161—165 Das Brandenburger Tor. C. G. Langhans 1789—93. Vgl. Borrmann S. 151; Rumpf S. 66. — Die erste Idee vom König Friedr. Wilh. II. — Das Modell zur Quadriga in Holz nach Schadows Gips (ein Pferd in der Nationalgalerie) von Gebr. Wohler, wonach Jury die Kupferarbeit ausführte. — Sonderschrift von v. Siefart in den Schriften d. Vereins f. Gesch. Berlins (sämtl. Akten).

166—167 Herkulesbrücke bei Monbijou. C. G. Langhans 1787. Führte in der Spandauer Vorstadt »vor der Burg« über den Stadtgraben nach der kleinen Präsidentenstraße. Sphinx und Herkules mit Zerberus, am stärksten die Schulung Schadows am röm. Barock zeigend; vgl. die Herkulesgruppen des von Winckelmann mehrfach gerühmten Matielli vor der Wiener Hofburg (dem Vorbilde zu Ungers Königl. Bibliothek). Die Schadowschen Gruppen sind jetzt auf der Brücke auf den Landwehrkanal am Lützowplatz.

168—171 Tanzsaal im Schlosse Bellevue, C. G. Langhans 1791.

172—179 Schloß Charlottenburg. Zimmer Friedr. Wilh. II. 1795—98. — Im sog. rechten alten Flügel nach Osten anstoßend an Knobelsdorfs Einrichtungen für Friedrich d. Gr. — Akten im Hausarchiv in Charlottenburg Nr. 19 u. Nr. 45 von Gundlach, Gesch. Charl., 2. Bd. zitiert. Befehl des Königs, die »neuen Stuben« einzurichten, 12. Nov. 1796 von Potsdam aus; diese »Winterstuben« kosteten 42000 Taler, der Monarch zeigte sie 6. Juni 1797 dem Kronprinzenpaar, erlebte jedoch die Vollendung nicht. Die in einer Flucht liegenden Zimmer wurden von Friedr. Wilh. III. und der Königin Luise (nach ihr tragen die sieben neuen Kammern den Namen) bezogen (Gundlach II, S. 395).

172 Schlafzimmer (Nr. 5). Helles zederartiges Holz mit vergoldeter Schnitzerei, Bespannung (auch Stühle und Kaminschirm, Vorhang der Nische): Seide, gemalt, blaßgelb und grau gestreift mit Blumen. Gemalte Supraporte auf Leinwand: Opfernde Frauen. Stucköfen mit bemalten Figuren und Reliefs hier und in den folgenden Zimmern wohl aus der Rodenschen Fabrik (Vorläufer der Feilnerschen Ofenfabrik).

173 Zimmer Nr. 6. Holzgetäfelte Supraporte: Blumenvase in Nische auf Leinwand gemalt. Römischer Marmorkamin, Stutzuhr aus Holz, fein furniert; Vasen der Berliner Porzellanmanufaktur mit Blumenmalerei und grünem Fond, um 1795.

174 Zimmer Nr. 7. Helle Holztäfelung. Supraporte mit Blumenvase auf Leinwand, Voute mit Blumenmalerei, Decke Freskomalerei von Pesne, Don Quichote, wie in den meisten anderen Zimmern aus der Zeit Friedr. d. Gr. herrührend. Grün-weißer Stuckkamin, rote Reliefs auf grünem Grund.

175 Zimmer Nr. 1. Stuckkamin, chinesische Möbel, Ebenholz mit Marmor- und Perlmuttereinlagen; Wandmalerei, Blumenborten aus bemaltem Papier. Tür und Decke aus der friderizianischen Einrichtung; wie die Dekoration Fr. Gillys in Schwedt für Prinz Louis 1795 ein Beleg dafür, wie diese »klassizistische« Richtung mit dem Rokoko zusammenzuwirken versteht. Farbstiche, meist englisch und französisch.

176—177 Zimmer Nr. 4. Türen und Paneele helles Holz mit vergoldeten Leisten; Bespannung mit gemalten chinesischen Seidentapeten: grüne Blattranken mit blaßrosa Päonienblüten und kleinen Vögeln. Ähnliche »Pecking«tapeten auch im Marmorpalais. Supraporte Graumalerei auf Leinwand. Kaminschirm und Möbel aus demselben Holz wie das Zimmer und mit den gleichen Seidenbezügen, alles von ungewöhnlicher Erhaltung. An der Wand Portraits des Königs und dessen Familie.

178 Zimmer Nr. 3. Bespannung 1809 erneuert. Stuckofen, Türen weiß lackiert, Vogel- und Blumenmalerei in Wasserfarben, Sitzmöbel weiß lackiert und bemalt; Roßhaarbezüge mit Blumen bedruckt.

179 Zimmer Nr. 2. Tapezierung und Vase um 1830. Spiegelwand und Voute ursprünglich. Mahagonimöbel mit bedrucktem Roßhaarbezug. Marmorkamin mit Bronzen.

180—181 Nationaltheater auf dem Gensdarmenmarkt. C. G. Langhans 1800. Die Zeichnungen nach den Kopien im Staatsarchiv; die herrlichen Originalblätter im Beuth-Schinkel-

Seite

museum der technischen Hochschule. — Das Äußere umzogen Stuckreliefs nach Schadows Erfindung, Iphigenie-, Aeneas-, Bacchusszenen, Musen, Horen usw. Frontispize: Der Altar Apolls von Äschylos, Menander, Musen und Genien umgeben. Der elliptische Konzertsaal mit Malereien von Niedlich und den Namen: Händel, Gluck, Mozart, Haydn. Hauptverdienst um das Zustandekommen hat außer Friedr. Wilh. III. Iffland, seit 1796 Generaldirektor, † 1814. Ausführliche Beschreibung bei Rumpf und Gädicke.

182—187 Ritzsches Haus, Potsdam, Behlertstraße. C. G. Langhans (?) 1796. Besitzer Herr Oberbürgermeister Dr. Voßberg. — Nach freundlicher Mitteilung des Herrn Dr. Kania, der eingehende Studien zur Baugeschichte Potsdams vornimmt, begann der Fundamentbau für das Haus des Geh. Kämmerers Ritz, des Mannes der Gräfin Lichtenau, am 1. Juni 1796; im September Beginn des Daches. Bauausführender: Boumann; Zeichner, für das Innere wenigstens, wohl Langhans, der als Direktor des Oberhofbauamts auch die Bauten des nahe gelegenen neuen Gartens entwarf. Nach Herrn Dr. Kania schreibt Boumann am 9. März 1797, daß er dem Assessor Koch Anweisung über das Austapezieren geben will, die Demoiselle Brabant habe bereits »2 Dessins zu Pappierne Tapeten aus der Fabrique Ihres Vaters« eingehändigt. Die Statuen im Saal S. 176 sind Stuckkopien nach den von Adam ergänzten Antiken, Töchter des Lykomedes, seit 1820 im alten Museum.

188 Amtshaus in Steinhöfel. David Gilly nach 1790. In St. feierten Kronprinz Friedr. Wilh. III. und Prinz Louis beim Hofmarschall von Massow ein Gartenfest auf ihrer Reise in den polnischen Feldzug und Abschied von ihren Frauen. Bailleu, Königin Luise. Berlin und Leipzig 1908.

189 Schloß Steinhöfel nach Aquarell von Friedr. Gilly. David Gilly, nach 1790. — Besitzer Herr General v. Massow. — So völlig entstellt das Schloß ist, so herrlich ist der Park, einer der schönsten der Mark Brandenburg.

190—195 Schloß Paretz bei Potsdam. David Gilly 1797. — Besitzer Seine Königl. Hoheit Prinz Heinrich von Preußen. Akten: Königl. Hausarchiv Schatullgüter Rep. XXIII. Acta betreffend die Erwerbung des Gutes Paretz für den Kronprinzen. Das Schloß selbst muß schon im Juli 1796 im Besitz des Kronprinzen und im Bau begriffen gewesen sein (Zeichnung Gillys mit Porträt Rabes im Märkischen Museum). 13. Januar 1797 Anweisung Friedrich Wilhelms II. zur Auszahlung von 80000 Reichstalern zur Unterstützung des Ankaufs des Gutes; 14. Januar Abschluß des Kaufes zwischen Hofmarschall von Massow und dem Vorbesitzer Graf von Blumenthal; 23. August Bericht Dav. Gillys an den Kronprinzen über den Fortschritt des Baues, Belobigung des bauausführenden Kondukteurs Rabe und Maurermeisters Hecker, Mitteilung, die Richtung des Bohlendaches auf der Kirche betreffend, Überreichung eines Exemplars der »Bohlendächer«. — Die Pflanzung des Parkes zog sich bis 1803 hin (Hofgärtner Garmatter). Bau des Rohrhauses nach Fr. Gillys erhaltener Zeichnung 1799; 1805 Bau der Pfarrwohnung, des Schützenhauses und von Kossätenhäusern in Falkenrehde bei Paretz. Nach D. Gillys Angaben sind wohl ferner das Amtshaus, der Krug auf vier Holzsäulen, wie in Steinhöfel, die Schule, die zwei Wachthäuser an der Chaussee nach Ütz mit gefugten Pilasterstreifen, die gotische Kirche und Schmiede, das japanische Teehaus im Park über der Muschelgrotte. Der alte schöne, gelbgefärbte Putz, die braunen Ziegeldächer sind nicht bei allen Bauten erhalten, die Schornsteine des Schlosses neu. Der Bau prägt im Gegensatz zu den Bauten Friedr. Wilh. II. den schlichten Sinn Friedr. Wilh. III. aus, des Fürsten, der mit Unmut am 11. Dez. 1793 an seine Braut über die zum feierlichen Einzuge des Brautpaares in Berlin vorbereiteten Lappalien und überflüssigen Zeremonien, über den (von Moser entworfenen) Triumphbogen unter den Linden berichtet (Bailleu, Königin Luise), der den (von Gentz entworfenen) Aufbau zur Huldigung 1797 unter den kränkendsten Ausdrücken für den Inszenator Heinitz sofort abreißen läßt: »Alles ganz einfach gemacht; immer denken, daß Sie nicht für einen Prinzen, sondern einen schlichten Gutsherrn bauen« (zu Gilly). »Von allen königl. Landhäusern liebte der König Paretz und die Pfaueninsel am meisten. Seine glücklichsten Stunden hat der König hier verlebt. Die Einwohner des stillen Dorfes wurden des Segens seiner Gegenwart froh, und wenn ein Familienvater im Unglück der Hülfe bedurfte, schnell und reichlich wurde sie ihm von der immer offenen königlichen Hand gewährt. Am Abend pflegte der König auf und ab zu gehen im Dorfe, und an den still ländlichen Szenen der beim Sonnenuntergange heimkehrenden Herden hatte sein kindlicher Sinn inniges Vergnügen.« Eylert, Charakterzüge aus dem Leben Friedr. Wilh. III. nach eigenen Beobachtungen, 1863.

196 Schloß Paretz, Großer Saal mit Pariser Tapeten in chinesischem Geschmack.

197—205 Schloß Paretz, Zimmer. Die Möbel sämtlich Berliner Fabrikat, ebenso die gemalten Papierborten und Tapeten (Die Blumentapeten S. 194, 195 um 1830). — Beim Arbeitszimmer Friedr. Wilh. III. sei an Eylerts Beschreibung des gleichzeitigen im Potsdamer Stadtschloß erinnert: »Ein Pult, auf welchem die Heilige Schrift lag, ein Bücherschrank, angefüllt mit den besten Schriften der deutschen Nation, ein Eckschrank, ein gewöhnliches Sofa, ein kleiner Spiegel und einige Rohrstühle ... an den Wänden hie und da Abbildungen der preußischen Armee aus alter und neuer Zeit ... gewöhnlich trug der König einen schlichten Leibrock von blauer Farbe, ohne Tressen und immer angeschlossen fest zugeknöpft; auf dem Lande, auf der Pfaueninsel oder in seinem stillen Paretz war ihm ein bequemer Oberrock am behaglichsten ...« »Der Prinz ist ausnehmend wahr«, sagte die Prinzessin Luise von ihrem Bräutigam (Bailleu). Beim Musikzimmer sei daran erinnert, daß Luise mit Reichardt und Himmel musizierte. Kleine Lieder sang sie mit angenehmer Stimme. Sie genoß übrigens Zeichenunterricht bei H. Chr. Genelli.

206—207 Schloß Freienwalde. David Gilly 1798. Familie Rathenau. — Akten im Kgl. Hausarchiv Rep. XIV, Schloß Fr. Erbaut für Ulrike Friederike, zweite Gemahlin Fr. Wilh. II. (verm. 1769, † 1805; auch für die erste Frau, die 1765 vermählte, 1769 geschiedene Elisabeth Christine richtete D. Gilly die Wohnung ein, im Königl. Schloß Stettin und im Königl. Schloß Jasenitz). Die Königin ließ bereits 1790 einen Pavillon bauen, der, wenn auch umgestaltet, links vom Schloß noch erhalten ist, innen mit Kamindekorationen im Adamsstil. Am 17. April 1798 legte Dav. Gilly dem Sohne, Friedr. Wilh. III., die schon fertigen Zeichnungen zum »Sommerpalais« der Königin Witwe vor, ein zweitesmal am 16. Mai, wo die nach der höchsteigenen Disposition Ihrer Königl. Maj. Mutter von einem Berliner Maurermeister Hilke gefertigten Pläne überarbeitet und auf 20000 Reichstaler veranschlagt sind. Am 2. Aug. 1798 hat der Hofbauinspektor Triest die Baumaterialien ausgemittelt; am 14. Okt. 1799 ist der Bau zur allerhöchsten Zufriedenheit fertig. Tischler und Schlosserarbeiten sind aus Berlin geliefert. — Der unbedeutende Grundriß und Aufriß des Hauses ist also von Gilly höchstens überarbeitet, während an einzelnen Zimmern seine sichere Hand die Oberleitung gehabt haben muß. Der alte Bau mit durchgehenden quergefugten Pilasterstreifen, ohne wagrechte Gliederung, ist in einer Lithographie von Blechen um 1830 erhalten. In Schinkelscher Zeit, als die Prinzessin Radziwill das Haus bezog, ist ein horizontales Gesims eingezogen und die Fenster mit Gesimsverdachungen versehen und oben verkürzt worden (1837). Wenige Jahre vor dem Weltkriege ist die Besitzung von Herrn Dr. Walter Rathenau, dem späteren Minister, erworben worden. Herr Dr. Rathenau war einer der ersten und eifrigsten Verehrer der Berliner Baukunst um 1800. Ihm war die erste Auflage des Buches gewidmet. Durch ihn sind diese Zutaten entfernt, eine Mitteltür mit Doppeltreppe nach der Vorderseite und eine halbrunde Veranda mit Balkon an der rechten Seite angebaut worden.

208—217 Schloß Freienwalde, Zimmer mit gemalten Tapeten. Zwei ähnlich bemalte Zimmer, ein Salon mit weißen Stacketten und Rosen als Laube, und ein »japanesisches« Zimmer mit Palmbäumen in dem von Fr. Gilly für Prinz Louis, den Sohn der Königin, 1795 eingerichteten Schloß in Schwedt, nicht von der Qualität wie die Räume in Freienwalde. — Das Zimmer im ersten Stock, S. 208, ein Beispiel für die Verwendung der Paneele, Borten und Lambris aus gemaltem Papier (Grund rosafarben, Blumenfestons mit rotweißen Bändern umschlungen auf cremegelbem Fond). Solche Borten in allen Zimmern in Schwedt mit Geschick unter die barocken Stuckvouten geklebt; auch in der Wohnung des Kronprinzen 1793 und im Potsdamer Stadtschloß 1800. Mehrere Tapetenfabriken (Wachsleinwand und Papier) bestanden in Berlin: Baude und Woltersdorff, Isaac Levi, Joels Erben, der Engländer Johann Christiani (antike und englische Muster), Wessely und Neumeister (seit 1788); Benoit aus Paris, englische und französische Muster. Von Paris aus verdrängten bald die handgedruckten Tapeten aus den Fabriken Oberkampfs in Jouy (meist nach J. B. Huets Zeichnungen) und Reveillons in Paris die gemalte Tapete. Über die Dekoration der Zimmer um 1800 enthält die Hauptgrundsätze Steiners Aufsatz im Journal des Luxus 1806; entscheidend ist die Abneigung gegen die vielen Spiegelwände und die Architekturglieder des Äußeren im Innenraume, wie im Rokoko.

218—222 Haus Machnow bei Teltow. Dav. Gilly 1803. Besitzer Erben des Herrn Georg von Hake.

223—225 Haus Vieweg in Braunschweig. Dav. Gilly 1801—04. Joh. Friedr. V., verlegte sein seit 1786 bestehendes Verlagsgeschäft Frühjahr 1799 von Berlin nach Br., vom Herzog zur Begründung einer Buchhändlermesse hergezogen; dieser schenkte einen Teil des Baugrundes und schoß Kapitalien zur Anlage einer Ziegelei vor. Ausf. der Braunschw. Architekt Rotermund (Bauakten Landeshauptarchiv Wolfenbüttel nach Herrn Prof. P. J. Meier). Jetziger Besitzer Herr Tepelmann.

226 Becherer, Aufriß zu einem Hause Mauerstraße. Zeichnung im Märk. Museum; von späterer Hand die Aufschrift: »Königsmark Börner«.

Lustgarten mit Pappelanlage von D. Gilly. Stich von P. Haas nach Serrurier. Die Mitte nahm Schadows Leopold von Anhalt-Dessau (1797) ein. Über die Aufstellung Geh. Staatsarchiv Rep. 89, 12 T. mit Briefen Gillys über die Platzanlage.

227 D. Gilly, Zeichnungen zum Rathause in Landsberg a. Warthe 1805. Mit Grundrissen, Querschnitten, Situationsplänen und Zeichnungen zu den angrenzenden Fleischscharren im Histor. Museum ebendort, hier noch Pläne zum Waisenhause, desgl. von D. Gilly.

Seite

228 Fr. Gilly, Entwürfe zum Friedrichsdenkmal 1797. Oben: Techn. Hochschule, unten: Märk. Museum.

229 Fr. Gilly, Friedrichsdenkmal auf dem Leipziger Platz. — Ministerium der öffentl. Arbeiten.

230—231 Fr. Gilly, Details aus dem vorigen. Nach der Kopie in der Nationalgalerie.

232 Ehemal. Palais Solms Baruth, Behrenstraße. Fr. Gilly um 1798. — Entwurf S. 48. — Jetzt hier Messels Nationalbank für Deutschland.

233 Geschäftshaus Brüderstraße 30 (abgerissen), von Fr. Gilly 1800. — Nach Riedels Sammlungen.

234 Entwurf zu einem Salon. Fr. Gilly um 1798. — Techn. Hochschule.

235 Zeichnungen von Fr. Gilly. 1797. — Techn. Hochschule.

236 Entwurf für ein Badehaus. Fr. Gilly 1794. Techn. Hochschule. Mit ausführlicher Beschreibung. Vielleicht für die berüchtigte Madame Schurich.

237 Fr. Gilly, Entwurf für einen Gartensaal. Stich von Wachsmann. — Bibliothek des Kunstgewerbemuseums. — Zeichnung zu einem Landhause. — Märk. Museum.

238 C. G. Langhans, Schauspielhaus in Breslau 1782.
Fr. Gilly, Nationaltheater in Berlin. — Technische Hochschule.

239 Fr. Gilly, Königsberger Theater. Kopien im dortigen Geh. Staatsarchiv· Prussia 662a. Über den Bau des Königsberger Theaters vgl. E. A. von der Hagen, Geschichte des Theaters in Preußen, vornähmlich der Bühnen in Königsberg und Danzig, Königsberg 1854. Die Ausführung ließ der Unternehmer des Theaters, Georg Brunwitsch, aus Geschäftsrücksichten verändern; der alte Gilly schrieb, der Plan des Sohnes sei so verhunzt, daß er auf die Ehre, der Baumeister des Schauspielhauses zu sein, Verzicht tue und sich genötigt sehe, solches in einem öffentlichen Blatt bekannt zu machen. Über die Entwürfe Gillys zu dem Theater in Stettin war nichts festzustellen; verwandt ist das zu Danzig von Held 1802, dessen Bohlenkonstruktion Dav. Gilly begutachtete; D. Gilly baute hier 1794—97 das Akzisedirektorium (jetzt Hauptzollamt) in der Niederstadt auf der Schäfferei. — In Königsberg scheint nach des jüngeren Gilly Ideen auch die 1802 von der Kaufmannschaft errichtete Neue Börse gewesen zu sein.

240 Skizze eines Pariser Theaters (Feydeau?) von Friedr. Gilly 1797. — Technische Hochschule. Federzeichnung aquarelliert. Offenbar dieses von Molinos und Legrand für leichtere Stücke 1791 erbaute Theater, dessen halbrunde Fassade mit Arkadenstellung, Vestibül und sonstige Details unter Gillys Skizzen vorkommen; links der damals für Theater in Paris beliebte kreisrunde Grundriß.

241 Zuschauerraum im Nationaltheater. Entwurf von Friedr. Gilly 1800. — Federzeichnung. Techn. Hochschule. Inschrift: »Dem Genius der Tonkunst Gluck«. Dessen Iphigenie wurde von 1794—98 in Berlin vor vollbesetztem Hause immer wiederholt.

242 Friedr. Gilly, Zeichnungen zum Nationaltheater 1800. — Techn. Hochschule. Federzeichnungen. Ebendort zahlreiche Skizzen der Theater in München, Regensburg, Bayreuth und Paris von der Reise 1797 (Théâtre de Molière), ein »essai sur la construction d'un Théâtre à la manière des Théâtres grècques«. Die schließlich gewählte antike amphitheatralische Form unter der Einwirkung der Pariser Revolutionsarchitektur (Saal der Assemblée nationale), die auch Catel forderte, ist nicht dauernd geworden, dagegen die von diesem Kreise angegriffene barocke ovale Logengestaltung des Langhans.

243 Friedr. Gilly, Zeichnungen zum Schauspielhaus in Posen um 1800. — Aquarellierte Federzeichnung. Posen, Geh. Staatsarchiv. Acta wegen Erbauung eines Schauspielhauses in der Stadt Posen. 1796 bis Oktober 1802. Gen.-Dir. Südpreußen, Ortsch. Nr. 961. — Vgl. Jul. Kohte, zur baugeschichtl. Würdigung des alten Posener Stadttheaters, Zeitschr. f. Gesch. d. Prov. Posen, 10. Bd., 1. Heft 1895. Der abgebrochene, in Photographie im Kaiser-Friedrich-Museum in Posen erhaltene Bau ist nach Kohte nach den 1796 gefertigten Plänen im Towarzystowo przyjariól nauk in Posen 1802—04 errichtet. Dieser Pläne konnte ich nicht habhaft werden; jedenfalls ist der hier abgebildete, von D. Gilly dem Minister am 18. Mai 1801 vorgelegte Entwurf des Fr. Gilly »in Anlehnung« an das Königsberger Theater (?) verworfen worden. Aber die S. 231 abgebildete Fassade des Fr. Gilly zum Königsberger Theater stimmt mit dem ausgeführten Posener Bau überein, und der von Potsdam nach Posen zur Bauausführung gesandte Assessor Koch schreibt am 19. Sept. 1802 an das südpreuß. Departement: »die Verzierung anlangend, so habe ich den Entwurf des Bau Inspektors Gilly im Äußeren befolget.« Das Theater scheint also doch nach Gillys Plänen gebaut zu sein. — Anlage des Foyers, elliptischer Grundriß, Logeneinteilung bei beiden ähnlich. — Dem Stil nach gehört hierher das abgebrochene Kulissenhaus, der Artilleriestall Ritterstraße, Landhaus Königstr. 12 u. a., nur in Photogr. erhalten.

Seite

Über die Erweiterung und Verschönerung der Stadt Posen unter Anteilnahme D. Gillys vgl. Geh. Staatsarchiv, Gen.-Dir. Südpreußen, Ortsch. Tit. LXXV Nr. 975. D. Gilly gab mit Langner 1802—03 eine Spezialkarte von Südpreußen mit Post- und Hauptstraßen bei S. Schropp & Co., Berlin heraus. Von seinen Bauten in Kalisch (seit 1815 russisch) waren Aufnahmen nicht zu erlangen.

244 Aufnahme des Schlosses Bagatelle von Fr. Gilly 1798. — Aquatintablatt in den Sammlungen zur Baukunst 1799, wozu Fr. Gillys Aufsatz: Beschreib. d. Landh. Bagatelle bei Paris, S. 106, einer der schönsten Architekturaufsätze in deutscher Sprache; die Lage des Baus im Bois de Boulogne unfern der hier bei St. Denis seeartig breiten Seine mit dem Blick auf die Brücke von Neuilly (von Perronet), der bleichgelbe, durch die Witterung gemilderte Ton des Pariser Steins zusammenwirkend mit dem Grün des Parks in der feuchten klaren Luft, die Entstehung des Baus, der von Bellanger für den Grafen von Artois in wenigen Wochen erbaut wurde, der durch diesen »Witz« seine Schwägerin, Marie Antoniette, überraschen wollte, die höchste Sorgfalt trotzdem in der Ausstattung bis auf die Bronzen der Mahagonimöbel, die Vorhänge usw. — Von den Aufnahmen Gillys auf dieser Reise seien u. a. erwähnt solche aus Wörlitz, Weimar (Mühltal), Wittenberg, Halle u. a.; aus Paris: die Landhäuser Trianon, Retraite, Montreuil, Auteuil usw. — Unter seinen Arbeiten für die Aquatintaätzung, die Gilly auch selbst ausübte, sind seit je berühmt die Aufnahmen der Marienburg, in den Ätzungen von Frick (1794—1802), die als Wiedergaben gotischer Gebäude eingehend im Zusammenhang mit dem Wiederaufleben der Gotik besprochen und teilweise abgebildet sind in dem Werke: Hermann Schmitz, Die Gotik im deutschen »Kunst- und Geistesleben«, Berlin 1922.

245 Das Möltersche Landhaus von Fr. Gilly 1800. — Kupferstich in der Kartensammlung der Königl. Bibliothek; nach Schinkel von Wachsmann gestochen.

246 Grottensaal im Schloß zu Buckow. C. F. Schinkel um 1803. Vgl. Bemerkung zu S. 240.

247 Wirtschaftsgebäude in Neu-Hardenberg. C. F. Schinkel 1801. — Die drei Wirtschaftsgebäude beim Schlosse Neu-Hardenberg, ehemals Quilitz, teilweise nur aus älterem Mauerwerk in Stand gesetzt, sind von dem 20jährigen Kondukteur Schinkel 1801 für den Herrn von Prittwitz gezeichnet und berechnet nach Litt. B. Fach 6, Nr. 22, Acta betr. versch. herrschaftl. Bauten im Schloßarchiv in Hardenberg. Da die in dem gleichen Konvolut genannten Familien-Wohnungen von 2 Etagen auf dem Studthof ganz, und die Wirtschaftsgebäude in Bärwinkel, beide für denselben Bauherrn, bis auf Reste verschwunden sind, haben sich also hier die ersten Werke Schinkels erhalten. Die Mauern mit Pfeilerstreifen und Vertiefungen (aus Eisenstein) mit Halbbögen, Plinthen, sorgfältig mit Modillons gezogenen Bandgesimsen, der schöne gelbgefärbte und lebendig gequaderte Putzüberzug, das breite braunrote Ziegeldach zeigen ihn hier noch im Zusammenhang mit der Berliner Tradition des ausgehenden 18. Jahrh.

248 Ehem. Steinmeyersches Haus in der Friedrichstraße 1803; Schloß Buckow um 1803. C. F. Schinkel. In der Beschreibung zu letzterem Umbau verrät sich die Steigerung des romantischen Gefühls, das für den späteren Meister (nach 1816) ausschlaggebend ist; die Durchsicht durch das Halbbogenfenster des Saales, die nach der Antike reich bemalten Bogen, die interessante Perspektiven ergeben, bekunden das gesteigerte, bewußte Streben auf den Gefühlseffekt. Wie bereits 1802 in dem Entwurf für das Schloß in Koburg. Für Flemming auch Projekt eines Gartenhauses von 1802 (Beuth-Schinkelmuseum). Die bei Fontane, »Wanderungen« unter Radensleben beschriebenen Frühblätter Schinkels von 1796—1804 waren dort nicht aufzutreiben, bewegen sich aber, nach dem Inhalt zu urteilen, im Gillyschen Stil. Der 16jährige Schinkel soll dem 10 Jahre älteren Gilly mit größter Ehrfurcht »fast nicht ohne Zittern«, nahegetreten sein, ihn wie ein höheres Wesen angesehen und die Aufnahmen Gillys aus Frankreich, England usw. mit größter Sehnsucht betrachtet haben. Hiervon zeugt auch sein Brief an Dav. Gilly 1805 (aus Schinkels Nachlaß) und noch seine Äußerung an Raczinski kurz vor seinem Tode 1840.

249 Heinrich Gentz, Prinzessinnenpalais 1811; Reithaus an der Ilm in Weimar 1804.

250 Die neue Münze. H. Gentz 1798—1800. — Aus den Sammlungen die Baukunst betr. 1800, wo auch die von Gentz gehaltene Rede zur Weihe. 1886 abgetragen. Historisch wichtig als Sitz des Oberbaudepartements im Seitenflügel und der Bauakademie im 3. Stockwerk. Die erste private Bauschule errichtete Dav. Gilly 1793 (vgl. Akta wegen der der Anstalt zum Unterricht junger Leute in den architekton. Wissenschaften bewilligten 100 Rthlr. 1795—96. Generaldir. Kurmark, Materien, Tit. CCIV, 15). Der definitive Plan zur Bauakademie: Sammlungen 1798. Hierher rechnet auch die von Fr. Gilly und Gentz gegründete Vereinigung. Vorbilder waren die Ecole polytechnique und das polytechnische Institut in London. In diesem Sinne vgl. auch Fr. Gillys Abhandlung: »Einige Gedanken über die Notwendigkeit, die verschiedenen Teile der Baukunst in wissenschaftlicher und praktischer Hinsicht möglichst zu vereinigen; »Es muß überall dahin kommen, daß der Baumeister den Gelehrten, der Gelehrte den Baumeister schätzen lernt, daß Baumeister unter sich, mit ihren besonderen Kenntnissen und Anlagen sich vereinigen, sich achten, und daß kein eitler Stolz unter ihnen den sogenannten

Seite

Baukünstler auszeichne. Wechselseitig muß alles sich die Hände bieten und einander nützlich sein, je entfernter und vielseitiger das Ziel des ganzen Strebens ist. Nur aus dieser Verbindung, nur aus dieser wechselseitigen Wirksamkeit kann eine allgemeine Vervollkommnung, und gerade in den heutigen Verhältnissen erwartet werden, wozu der Grund nicht früh genug gelegt werden kann.«

251 Die Münze ohne den Gillyschen Fries.

252 H. Gentz, Zeichnungen zum Theater in Lauchstädt 1802—04. — Weimar Goethemuseum. Vgl. Döbber, Lauchstädt und Weimar, 1908.

253 H. Gentz, Friedrichsdenkmal 1797. — Bibl. der Akademie. — »Die Zeichnungen zu dem Monumente Friedr. d. Gr. — sagt Goethe — haben mir viel Freude gemacht, es ist alles mit Überlegung angegeben. Wenn ich etwas zu erinnern hätte, so wäre es, daß das Innere zu dem äußeren Uralten und Ernsten mir zu heiter und neuartig erscheint . . .« Goethes Briefe Nr. 3725, Döbber, Schloß in Weimar, S. 76.

254 H. Gentz, Friedrichsdenkmal 1806. — Bibl. der Akademie.

255 H. Gentz, Zeichnungen zum Reithaus in Weimar 1803—04. — Staatl. Bibl. Weimar.

256—262 H. Gentz, Treppenhaus im Schloß zu Weimar. — Zeichnungen dazu: Staatl. Bibl. Weimar. Vgl. darüber die aktenmäß. Darstell. von Döbler: Das Schloß in Weimar, seine Geschichte vom Brande 1774 bis zur Wiederherstellung 1804, Jena 1911; wo auch die Beteiligung Goethes eingehend behandelt ist. Gentz wird von dem Finanzrat Feudal (22. 10. 1801), der hiesige geschickteste, gegenwärtig als der erste an Geschmack und Kenntnis anerkannte Architekt genannt. Sein Ruf geht auch daraus hervor, daß der größte klassizistische Bau Prags, das Hauptzollamt von dem Prager Baumeister Prof. Georg Fischer (1808—11) nach Gentzens Berliner Münze kopiert ist. Sein Mitarbeiter am Schloßbau, Rabe, verwendete die schweren dorischen Säulen und reichverzierten Kasettendecken einige Jahre später um 1808, in dem Vestibül und zweiarmigen Treppenhaus der 1908 abgebrochenen alten Akademie u. d. Linden, wo auch im Obergeschoß ähnlich gemalte Räume waren, wie sie Gentz für Weimar zeichnete (Aufnahmen der Meßbildanstalt). Die Gipsreliefs im Treppenhaus (links der Fürst als Vater seines Volkes, Beschützer der Künste, Förderer der Feste, rechts (S. 251): Tanz und Gelage, Demeter, Dionysos, Flora, Amor, Dioskuren usw., über dem Eingang oben Huldigung der Stände) sind von Friedr. Tieck aus Berlin, der durch Goethe berufen wurde (Auftrag 11. Januar 1802); Tieck, geb. 1776, ein Schüler Bettkobers und Schadows, ging 1797 mit den Humboldts nach Paris, wo er im Atelier Davids arbeitete. — Der große Weimarer Festsaal, der Säulensaal im Berliner Schloß von Erdmannsdorff, sowie der ähnliche Rittersaal in der Wiener Hofburg von Montoyer 1802—04, wo der Wiener Kongreß tagte, sind wohl die größten Innenraumgestaltungen des deutschen Frühklassizismus. — Zum Weimarer Saal befinden sich Entwürfe von Clérisseau in der Weimarer Bibl.

263 Saal im Schloß zu Weimar und Zeichnung von Thouret. T., der vom 2. Juni bis 29. Okt. 1798 in Weimar weilte, zeichnete auch die Decke zum Festsaal. Vgl. über ihn Döbber; nach seinem Theater in Weimar fertigte auch Fr. Gilly Skizzen.

264—265 H. Gentz. Wanddekorationsentwürfe für das Schloß in Weimar um 1802. Weimarer Bibliothek.

266 H. Chr. Genelli, Erbbegräbnis, Zeichnung 1794. — Bibliothek der Akademie, wo noch ein zweiter Entwurf vorhanden ist.

267—269 H. Chr. Genelli, Schloß Ziebingen, um 1800. Bes. Herr Reichsgraf Finckenstein. Der Archaeolog Solger verbrachte hier die Pfingstferien 1811: ». . . das prächtige Haus, das man wohl . . . einen Palast nennen könnte, giebt eine heitere und würdige Stimmung. Dann . . . die Gesellschaft der dort versammelten gebildeten Familien (Burgsdorff, v. d. Marwitz, Finckenstein, Genelli, Tieck), ihre Liebe und Übung der Kunst und der leichte und bequeme Anstand, der unter ihnen herrscht... Wir waren von Morgen an beisammen teils im schönen runden Bibliotheks und Lesesaal teils im Garten.« (Solgers Schriften und Briefwechsel, Lpz. 1826.) Heute ist das Innere bis auf diesen, aber auch veränderten Saal, umgestaltet.

270—273 Bauten und Zeichnungen von Peter Joseph Krahe. Bes. Herr Baurat Krahe in Braunschweig.

274 Haus in der Neuen Friedrichstraße, um 1790. 1912 abgerissen. — Lag neben der Börse, schräg gegenüber der Garnisonkirche.

275 Haus Behrenstraße 66, jetzt Militärkabinett. Von Fr. W. Titel 1793 für Staatsrätin von Massow als königl. Immediatbau errichtet.

276—277 Haus Wilhelmstraße 76. Erbaut 1804, Jetzt Auswärtiges Amt. Erbaut oder vielmehr umgebaut 1894 für den russ. Gesandten von Alopeus; seit 1862 zeitw. Dienstwohnung Bismarcks (Borrmann S. 328).

Seite

278—279 Haus Dorotheenstraße 5. Erbaut 1802—05 für den Generalchirurgen Görcke. Auf königl. Kosten als Immediatbau errichtet (Rep. 89, 12a—e, Bausachen. Immediatbauetat für Berlin und Potsdam 1802). Meister David Gilly oder Gentz? Stuckreliefs der Schadow-werkstatt: Kampfszenen, Pflege Verwundeter, Opfer an Hygieia.

280 Haus Behrenstraße 23. Erbaut um 1805. — Stich nach Riedel, Sammlung architekton. Verzierungen. Berlin 1803—10.

281 Haus Friedrichstraße 63, um 1804. — Haus Brüderstraße 40, erbaut von Simon um 1805. — Nach Riedel. Simon 1794 Oberhofbauamtskondukteur. Neben Gentz Nachfolger Fr. Gillys an der Bauakademie 1800.

282 Predigerwitwenhaus Friedrichstraße 213, um 1810. — Nach Riedel. — Fassadenentwurf von Riedel d. Ä. 1797. — Nach Sammlungen zur Baukunst 2. Band 1797, woselbst allgemeine Betrachtungen Riedels über die Architektur. Heinr. Aug. Riedel, 1748 in Schleiz als Sohn des Architekten Joh. Gottl. Riedel geb., kam 1769 nach Berlin, lernte unter Boumann, wurde 1775 Königl. Bauinspektor, 1778 Assessor und Mitglied des Oberbaudepartements, später dessen und der Bauakademie Direktor neben Dav. Gilly. Reiste 1790 in Begleitung Fr. Gillys durch die preuß. Provinzen Sachsen, Westfalen, Niederrhein nach Holland, worüber ein sehr interessanter mit Zeichnungen Fr. Gillys geschmückter Bericht im Geh. Staatsarchiv Gen. Direkt. Gen. Dept. XII, Oberbaudep. 7, Acta betr. von dem Geh. Oberbaurat Riedel bei Gelegenheit seiner Reise nach Holland gemachte Bemerkungen über versch. Gegenstände, besond. in Absicht d. dort. Wasserbaus und Hafenangelegenheiten 1790—91. Interessant, weil am Ende des 18. Jahrh. in diesen Bauzweigen der holländische Einfluß, der in der ersten Hälfte des 18. Jahrh. in der Mark Brandenburg mächtig gewesen war, noch wirkte: so auch im Mühlen- und im Backsteinbau (siehe Fr. Gillys Zeichnungen der holländ. Windschneidemühle auf der Oderinsel bei Stettin 1790, Pomm. Gesellsch. f. Geschichte). — Wie Gilly, so war auch Riedel Landschaftsmaler und hat den Harz, das Ruhrtal u. a. Gegenden auf dieser Reise gemalt. Am 17. Oktober 1790 haben sich beide Künstler auf der Rückreise nach Berlin in das Jahrbuch des Brockens eingetragen.

283 Sommerhaus von Jackisch 1797. — Stich von Hollmann im Ideenmagazin für Liebhaber von Gärten, englischen Anlagen und für Besitzer von Landgütern, um Gärten und ländliche Gegenden sowohl mit geringem als auch großem Kostenaufwand nach den originellsten englischen, gotischen, sinesischen Geschmacksmanieren zu verschönern; von Joh. Gottfr. Grohmann, Prof. d. Philos., Leipzig, Baumgärtner 1799.

284 Gartenhaus von C. F. Langhans 1797. — Nach Grohmann. — C. F. Langhans geb. 1781 als Sohn des C. Gotth. Langhans, † 1869, baute unter anderm die Kirche der 11 000 Jungfrauen in Breslau, das Innere des Opernhauses und das Palais des Kaisers Wilhelm I. Unter den Linden und steht mit Schinkel auf einer Stufe.

285 Landhaus von Jackisch 1797. — Nach Grohmann.

286—287 Gartengebäude von C. F. Langhans 1796—97. — Nach Grohmann.

288 Dorfkirche von H. C. Riedel d. J. 1805. — Aus dessen Sammlung. — Von ähnlicher Form der nach Fr. Gilly um 1795 erbaute Turm mit dem Humboldtschen Erbbegräbnis an der evangelischen Kirche in Falkenberg (Weißensee) bei Berlin. Eine evangelische Kirche mit verwandter Fensterform um 1810 im Park zu Putbus auf Rügen, welcher Ort mit rundem Marktplatz (Zirkus) und Theater in diesem Jahre angelegt wurde.

289 Landhaus von H. C. Riedel d. J. 1805. — Aus dessen Sammlung.

290 Gartenhäuser von H. C. Riedel d. J. 1807. — Desgleichen.

291 Chausseehäuser und Meilensteine um 1800—1806. Nach Riedel. — Über die Chausseen vergleiche Geh. Staatsarchiv Kurmark, Bausachen, Acta Vol. I; Tit. CCVII. Nr. 10, 9, 11 (Frankfurt a. d. O., Charlottenburg, Freienwalde usw.).

292 Chausseehaus bei Freienwalde 1803. — Das am Aufang der Chaussee in der Müllerstraße bei den ehemaligen Rehbergen gelegene Chausseehaus in Photogr. erhalten. Märkisches Museum XI., T. 217 B. — Es gibt noch mehrere Dutzend solcher Häuser.

Arbeiter-Wohnhaus in Eberswalde Kupferhammer.

293 Hammerwerk Eberswalde Kupferhammer. Am Oranienburger Kanal gelegen.

294 Eisengießerei von Eiselen 1804—05. — Stich von F. A. Calau. — Erste Idee schon 1789, wo Friedr. Wilh. II. Malapane, den Sitz des schlesischen Hüttendepartements (seit 1754 Schlackenpochwerk nach englischer Art) besuchte. Pläne von Eiselen 1801, auf Vorschlag des Oberberghauptmanns v. Rheden, 8. Febr. 1803 von Friedr. Wilh. III. genehmigt; Ordre an Baurat Eiselen, die Pläne mit dem Oberbauinspektor Wedding aus Schlesien durchzuarbeiten, den von Wilchinson und Percier in Paris bereits vor zwei Jahren gezeichneten Plan und den neuen Plan zur Breslauer Eisengießerei zu Rate zu ziehen, Flamm- und Kupolöfen nach dem

Vorbilde von Gleiwitz, einen Kanal, eine englische Göppel- und Rundbahn nach dem Vorbilde von Gleiwitz in dem Plan zu berücksichtigen. Abnahme des Baus durch Dav. Gilly 3. Okt. 1805. Akten des Geh. Staatsarchivs.

295 Prenzlauer Tor von Meinecke 1801. — Zeichnung im Geh. Staatsarchiv. Von Meinecke, seit 1794 Oberhofbauamtsinspektor, sind ebendort Grundrisse zum Prenzlauer, Stralauer und Schönhauser Tor mit den anliegenden Straßen und Chausseen, sowie ein Aufriß zu den Torpfeilern des Schönhauser (1801), Bernauer, Landsberger, Frankfurter und Stralauer Tores 1802, sämtlich nach 1870 abgerissen, doch die Namen und Plätze erhalten.

296 Hetrurisches Kabinett im Potsdamer Stadtschloß von Ludwig Catel 1804. — Die übrigen teilweise umgestalteten Räume Friedr. Wilh. III. und die der Königin Luise von der Meßbildanstalt aufgenommen. — Ludw. Catel, geb. 1776, aus einer Refugiéfamilie, Schüler Dav. Gillys, mit Tieck in Paris gebildet, gründete mit seinem Bruder Franz 1801 eine Fabrik von musivischen Stuckarbeiten (vgl. die gedruckte Anzeige von ihm selbst), womit wie im Kronprinzenpalais und hier nicht nur die Wände, sondern auch Möbel eingelegt wurden; auch Öfen, wie im Stadtschloß, wurden aus dieser harten Stuckmasse geformt; vgl. Journal des Luxus 1801; Hauptfarben Schwarz und Rot, wie die Zeichnung den antiken Vasen nachgebildet.

297 Marmorpalais, Parolekammern. C. G. Langhans 1790. — Weißlackierte Boiserie von Rosenberg mit Weinranken bemalt; Plafond von Verona, das Mittelstück, Minerva, von Rode. Weißer Marmorkamin von Abbazini in Rom mit Bronzeappliken und Mosaikintarsia mit römischen Landschaften (Tivoli). Uhr, Möbel von Roentgen, Fußboden von Ziedrich in Mahagoni und Taxus getäfelt (Kopisch).

298 Entwürfe für Dekorationen von Friedr. Gilly um 1800. — Märkisches Museum. — In Anlehnung an Percier u. Fontaine.

299 Dekorationen im ehemal. Accise-Departementsgebäude in Berlin von Ringsleben um 1810. — Nach Riedels Sammlungen.

300—301 Tonofen der Fabrik von Höhler u. Feilner um 1806. — Nach Riedels Sammlungen. Fabriksgründer war der Töpfermeister J. G. Höhler (ca. 1780), seit 1793 in Verbindung mit Feilner; 1806: 55 Arbeiter, 1813: 100—120 Arbeiter. Ofenabbildungen im Journal des Luxus 1794, 1795, 1799, 1803, zum Teil gleich den Öfen in den Charlottenburger Zimmern Friedr. Wilhelms II. Feilner ließ Zeichnungen von Gentz, Schinkel u. a. ausführen.

302—303 Römische Marmorkamine im Schloß Charlottenburg um 1790. — Friedr. Wilhelm II. ließ 1789 durch Erdmannsdorff in Rom bei Abbazini 12 Marmorkamine bestellen; zum Teil im Marmorpalais und im Niederl. Palais.

304 Schreibsekretär von David Roentgen im Schloß Charlottenburg. — Roentgen, geb. 1743, seit 1772 Leiter der Fabrik in Neuwied. Hauptwerke im Hohenzollernmuseum (Schrank für Friedr. Wilhelm II.), im Berliner Schloßmuseum, Marmorpalais, K. K. österr. Museum in Wien, Eremitage in St. Petersburg.

305 Schloß Charlottenburg, Wohnung Friedrich Wilhelms II. Wiener Sekretär in Mahagoni mit Bronzeappliken.

306—307 Berliner Möbel im Schloß Paretz um 1797.

308—310 Berliner Möbel in Schloß Freienwalde. Ende des 18. Jahrhunderts.

311 Berliner Stühle in Schloß Paretz um 1797.

312 Neujahrsplakettten in Gußeisen aus der 1804/05 errichteten Kgl. Eisengießerei 1805—11, mit Abbildungen der Werkstätten und einer Brücke im Tiergarten (1808).

313 Arbeiten der Berliner Kgl. Eisengießerei um 1804. Brücke und Gartentore.

314 Arbeiten der Berliner Kgl. Eisengießerei um 1804. Balkongitter, Brücke im Park zu Paretz nach Gilly d. Ä., Gartentor.

315 Die eiserne oder Mehlhausbrücke über den Kupfergraben. Schlesischer Eisenguß 1798.

Eisengegossene Rampen, an der ehem. Kgl. Bibliothek und ehemals am Lustgarten, Laternenständer. Schlesischer Eisenguß um 1800.

316 Eisengegossene Brücken im Schloßpark zu Charlottenburg 1803 und 1800.